Walter Schultze-Klosterfelde

Weißenburg, Wörth, Sedan, Paris

Heitere und ernste Erinnerungen eines preußischen Offiziers aus dem Feldzuge 1870/71

EHV
HISTORY

Walter Schultze-Klosterfelde

Weißenburg, Wörth, Sedan, Paris

Heitere und ernste Erinnerungen eines preußischen Offiziers aus dem Feldzuge 1870/71

ISBN/EAN: 9783955641214

Auflage: 1

Erscheinungsjahr: 2013

Erscheinungsort: Bremen, Deutschland

EHV
HISTORY

Weißenburg, Wörth, Sedan, Paris.

Heitere und ernste Erinnerungen

eines preußischen Offiziers

aus dem Feldzuge 1870/71.

Von

Walter Schultze-Klosterfelde.

Leipzig.
Th. Grieben's Verlag (L. Fernau).
1889.

Vorwort.

Die nachstehenden Skizzen erschienen zuerst vor zwei Jahren in der Sonntagsbeilage der Kreuzzeitung unter dem Titel: „Nachlese aus dem 1870er Feldzuge".

Die heut veränderte Form der Herausgabe bedingte die Wahl eines den Inhalt genauer bezeichnenden Titels. Ein solcher ist für den Zeitungsleser ziemlich gleichgiltig, denn dieser hat mit seiner Abonnementsquittung auf die Wahl seiner Lectüre verzichtet, er muß nehmen, was die Redaction ihm giebt, er ist in einer Zwangslage. Dieselbe ist mit ein Grund für die Macht der Zeitungspresse. Nicht so der Käufer eines Buches. Ihm bleibt beim Kauf die Auswahl des Stoffes, mit dem er sich beschäftigen will; mit Recht beansprucht er daher, daß der Titel jedes Buches den Inhalt möglichst genau charakterisire.

Die Absicht, nur Selbsterlebtes zu schildern, nöthigte mich, in meinen kleinen Skizzen die eigene Person, mehr als mir lieb, in den Vordergrund treten zu lassen. Der geneigte Leser wolle hierin keine beabsichtigte Unbescheidenheit sehen.

Straßburg i/E., im Februar 1889.

Schultze-Klosterfelde.

Inhalts-Uebersicht.

I.

Auf der Kriegsschule in Kassel.

Seit dem 1. März 1870 war ich von meiner kleinen Garnison Hersfeld aus, wo damals das Füsilier-Bataillon des 88. Regiments stand, als Portepeefähnrich zur Kriegsschule nach Kassel commandirt. Ohne zu unbescheiden oder zu bescheiden zu sein, kann ich sagen, daß ich zum ersten Male in meinem Leben fleißig war. Die Militärwissenschaften, von ausgezeichneten Lehrern klar und fesselnd vorgetragen, nahmen mein Interesse lebhaft in Anspruch, und gern arbeitete ich ohne Zwang, während ich meine ganze Gymnasialzeit hindurch gründlich faul gewesen war. Eine übrigens nicht vereinzelt dastehende Thatsache, die dem einen oder anderen der dies lesenden sorgenvollen Väter zukünftiger Offiziere vielleicht einigen Trost gewähren kann.

Man kann sich da, wo man seine Pflichten mit Eifer zu erfüllen strebt, nie ganz unglücklich fühlen, und da ich außerdem jung, gesund und fröhlichen Herzens war, fand ich die Kriegsschule weniger schlimm als ihren Ruf.

Unser Commandeur, Major Str. — er ist jetzt lange schon General, Gott segne ihn —, war ein zwar strenger, aber doch überaus wohlwollender Herr von großer Herzensgüte, der nicht dem sonst ziemlich allgemein geltenden Grundsatz huldigte: „Der Fähnrich muß gekniffen werden!"

Nur einmal hat er uns wirklich und verdientermaßen „gekniffen" und damit freilich unseren ganzen Zorn erregt.

Daß im Monat März Morgens um 5 1/2 Uhr, wo es noch kalt und dunkel ist, aufzustehen nicht angenehm und behaglich ist, darin stimmten wohl nicht nur wir Fähnriche überein; aber der Portier hatte kein Einsehen in unsere Wünsche, wohl aber in die Dienstinstruction, und pünktlichst erscholl Tag für Tag das Glockensignal, und der Fähnrich du jour lief durchs Revier und rief in jede Schlafstube hinein: „Aufstehen!"

Zwanzig Minuten darauf war Appell auf dem Hofe unter dem Offizier du jour in Waffenrock, Mütze und Handschuhen, aber Mancher von uns lag, da bei den Kriegsschülern in der Scala der Lebensgenüsse nach den außerhalb der Anstalt zu suchenden Vergnügungen gleich der Schlaf kommt, noch zehn Minuten vorher im Bett. Das blieb bei den strammen, dienstlichen Einrichtungen natürlich nicht unbemerkt, und nachdem ein paarmal mit „Straf-Rapporten", „Strafantreten" u. s. w. dazwischen gewettert war, erschien eines Morgens zu unserem größten Erstaunen Major Str. selbst beim Appell.

„Meine Herren Fähnriche, ein Cavalier ist nicht im Stande, in zehn Minuten genügend Toilette zu machen; Sie zwingen mich durch Ihr unpünktliches Aufstehen, diese zu revidiren; bitte, ziehen Sie Ihre Handschuhe aus, und nehmen Sie die Mützen ab!"

Glühend vor Scham standen wir, während Major Str. langsam die Front hinunterschritt; zu spät aufgestanden ist aber seitdem niemand wieder.

Nach dem Appell war Frühstückszeit, dann eine halbe Stunde Früharbeitsstunde, dann vier Stunden Hörsaal: Taktik, Waffenlehre, Terrainlehre, Fortification, Planzeichnen,

Dienstkenntniß. Die Kriegsschüler werden nach ihrer Begabung jedesmal in vier Hörsäle in A, B, C und D vertheilt; der Fähnrich aber rubricirt: A: Abiturienten; B: Begabte; C: Cadetten; D: Dumme. Nach dem Unterricht ist Reitstunde, bezw. Exerciren, dann Mittagsmahlzeit, eine Stunde Freizeit, dann wieder Reiten, bezw. Fechten oder Turnen, oder Exerciren oder Dienst-Instruction. So kommt der Abend heran, der wieder zwei Stunden Freizeit bringt; dann ist von 7½ bis 9½ Uhr Arbeitsstunde und darauf gehts ins Bett. Um dumme Streiche zu machen, bleibt dem Fähnrich also wenig Zeit; um so gewissenhafter wird diese aber zu jenem Zwecke ausgenutzt.

Nach einem Vierteljahr hatten wir das erste Tentamen zu bestehen, und das Ergebniß war für mich und sieben andere Fähnriche — im Ganzen waren wir einige achtzig Kriegsschüler — ein sehr erfreuliches; wir wurden von der Arbeitsstunde dispensirt. Dies Ereigniß mußte natürlich entsprechend gefeiert werden; auf dem „Felsenkeller“, einem Restaurant bei der Petersaue, wurde ein gemeinschaftliches Fäßchen Bier getrunken, und der mit den Arrangements beauftragte Vertrauensmann hatte als hierzu am besten geeignetes Abendbrot omelette aux confitures mit sicherem Scharfblick erkannt. Denn das mit diesem „Wonnekleister“ gemeinsam reichlich genossene Bier versetzte uns alle zugleich mit der fröhlichen Stimmung in eine so ausgezeichnete körperliche Verfassung, daß sechs von uns am nächsten Morgen Seitens der Herren Vorgesetzten die freundliche Aufforderung erhielten, wieder dauernd an der Arbeitsstunde Theil zu nehmen, und nur ein Feld-Artillerist von der 8. Brigade und ich hatten es unserem total verdorbenen Magen zu verdanken, daß wir für krank passirten und dem Schicksal der anderen entgingen.

Die nächsten sechs Wochen brachten mir schnell hintereinander alle die kleinen Zufälligkeiten, ohne die das Leben eines Fähnrichs auf Kriegsschule eigentlich nicht denkbar ist. Zuerst schlug mich, als wir im Stalle mit unseren Pferden vor der Reitstunde Unfug trieben — der Reitlehrer ließ gerade in der Bahn eine andere Abtheilung reiten, und konnte uns nicht „abfassen“ —, mein Pferd vors Knie, und nachdem ich dann wieder, um mich nicht „abfassen“ zu lassen, unter abscheulichen Schmerzen die ganze Stunde mitgeritten war, wanderte ich auf drei Wochen ins Lazareth. Kaum wieder im Dienst, schlug mir in der Fechtstunde mein vis-à-vis — wir fanden es viel „schneidiger“, ohne die vorschriftsmäßigen Masken zu fechten — fast das linke Auge aus, und als ich nun tüchtig blutend den Fechtlehrer um die Erlaubniß auszutreten bat, wurde ich gehörig „gerissen“ und bekam „Revier“. — Während dieser Krankentage wettete ich aus Langeweile vom Fenster aus mit einem Kameraden, ich wolle von dem auf dem Turnplatze befindlichen sehr hohen Escaladiergerüst springen — was natürlich verboten war —, wenn er nachspringen wolle; dabei verstauchte ich mir den Fuß und der andere brach ein Bein.

Aber Anfang Juli war ich Gottlob wieder gesund und besuchte mit meinem artilleristischen Freunde, als plötzlich und unvermuthet das erste Kriegswetterleuchten begann, in den Abendstunden fleißig ein kleines Restaurant hinter der damals noch wüst liegenden Chattenburg, wo wir mit Gier aus allen Zeitungen die Alarmnachrichten sammelten und alarmirend nach Hause brachten. Schnell spielten sich nun die bekannten historischen Ereignisse ab. Prinz Leopold verzichtete auf Spaniens Thron, ein kurzer Moment scheinbar eingetretener völliger Beruhigung und dann die unglaublich frivole Action in Ems. Nicht allzu schnell wurde dieselbe in Kassel bekannt, und doch herrschte wohl in allen Gesellschaftskreisen und nicht unter uns Fähnrichen allein eine fieberhafte Aufregung. Selbst wir politischen Säuglinge fühlten, daß Gewaltiges sich vorbereite. Und dabei ging „des Dienstes immer gleich gestellte Uhr“ noch immer den alten Gang. Es war zum Verzweifeln.

Aber schon am folgenden Tage, am 15. Juli, sagte mir, als ich Mittags 12 Uhr aus der Reitbahn kam, auf dem Hofe der Portier: „Herr Fähnrich, in einer Viertelstunde kommt der König hier durch!“ — Schnell sprang ich auf mein Zimmer, im Nu war die zweite Garnitur angezogen, der Helm aufgesetzt und im Schnellschritt gings nach dem Bahnhof. Dort kam ich fast zu spät an. Se. Majestät hatte auf der Fahrt von Ems nach Berlin in Kassel auf dem Bahnhof das Frühstück eingenommen und eine Ansprache des Bürgermeisters und Magistrats der Stadt empfangen. Der hohe Herr hatte den Extrazug schon wieder bestiegen und stand am Fenster des Salonwagens im Gespräch mit dem commandirenden General des 11. Armee-Corps v. Plonski. Einen kurzen Augenblick war es mir vergönnt, daß edle, ernste Antlitz des geliebten Herrn zu schauen, dann setzte sich langsam der Zug in Bewegung. „Hurrah! Hurrah! Hurrah!“ brauste es durch den Bahnhof, ein freundliches Nicken, und nun ist nur noch der letzte Wagen des schnell enteilenden Zuges zu sehen, dem sorgenvoll und tiefernst die Blicke aller folgen.

„Haben Sie Sr. Majestät Erwiderung auf die Ansprache gehört?“ wende ich mich an einen der mit den Zeichen der städtischen Würde geschmückten Herrn. — „Jawohl! Der König sagte, er danke für die treuen Gesinnungen, denen unser Bürgermeister soeben Ausdruck gegeben, und hoffe, daß in den ernsten Zeiten, denen wir entgegengingen, auch die Einwohner der neuen Provinzen opferwillig und treu zur deutschen Sache stehen würden!"

Das war nun klar genug; der Krieg war also sicher. Schnell lief ich auf das Telegraphenbüreau des Bahnhofes und bat meine lieben, in Potsdam wohnenden Eltern um eine größere Summe zur Beschaffung der Feldequipirung. Während hinter dem Schalter der Beamte die Worte zählte, trat einer seiner Vorgesetzten hinzu und sprach einige leise Worte zu ihm. Als unmittelbar, nachdem ich meine Depesche bezahlt, ein General an den Schalter kam, hörte ich im Fortgehen zu meiner Genugthuung den Beamten sagen, mein Telegramm sei die letzte Privatdepesche gewesen, die vorläufig auf dieser Linie angenommen werden dürfe.

Mit glühendem Gesicht eilte ich nun zur Kriegsschule zurück; dort aber, welch ein Contrast zu dem belebten Bahnhofsbilde. Gemüthlich stand der dicke Portier, die kurze Pfeife im Munde, im Thorweg, und schaute ruhig rechts und links den Platz hinunter. Im Innern alles wie sonst. „Es ist kein Befehl gekommen, es bleibt alles beim Alten," sagt ruhig der von allen Seiten bestürmte Offizier du jour, und bald sitzen wir in unserem bescheidenen Fähnrichscasino bei Hammelfleisch und blaßgrünen Schnitzelbohnen, als sollte es noch lange so bleiben, und dann kommt der gewöhnliche Nachmittagsdienst mit allen Schrecken einer Eintönigkeit.

Das Gefühl innerer Spannung, ähnlich wie ich es als Knabe vor einer Censurausgabe empfunden, oder wenn ich bald nach einem begangenen dummen Streich unvermuthet in meines lieben Vaters Studirzimmer gerufen wurde, verläßt mich nicht mehr, seit ich auf dem Bahnhof gewesen. Es steigert sich und nimmt allmählich den ganzen

Körper und die Seele gefangen, und ich fühle, wie alle meine Kameraden von denselben Empfindungen beherrscht sind. Die fröhlichsten Lärmmacher sind verstummt, der Dienst ist zu Ende; flüsternd gehen wir auseinander. Die Arbeitsstunde verbringe ich Zeitung lesend im Bierhause; nichts von Neuigkeiten! — Mit der immer fiebernder werdenden Spannung im Herzen gehen wir zu Bett, schlafen unruhvoll und beginnen am nächsten Morgen unser gewohntes Tagewerk. Eine Stunde Taktik im Hörsaal; dann kommt eine Stunde Fortification. Eben hat der Lehrer seinen Vortrag begonnen, da, eilige Schritte auf dem Corridor, die Thür wird aufgerissen: „Sämmtliche Fähnriche sofort im Turnsaal antreten, im Ordonnanz-Anzug. Befehl vom Herrn Major!" — und krach! fliegt schon die Thür wieder zu.

Jetzt fühlen wir die Spannung in jedem Muskel. In fieberhafter Eile wird der Anzug gewechselt: nach fünf Minuten ist alles angetreten. Nur wenige Minuten vergehen. „Stillgestanden!" ruft schallend der Fähnrich du jour. „Fünfundachtzig Portepee-Fähnriche zur Stelle!" lautet die Meldung, und den Helm auf den Kopf, an der Spitze sämmtlicher Offiziere, tritt langsam mit tiefernstem Gesicht unser lieber Major Str. vor die Front.

„Meine Herren," beginnt er langsam mit vibrirender Stimme, „ich habe soeben folgendes Telegramm bekommen: Planmäßige Mobilmachung der ganzen Armee, der 16. Juli ist der erste Mobilmachungstag!" — „Es giebt —" aber nun ist kein Halten mehr, selbst die Disciplin einer Kriegsschule reicht nicht mehr aus, wir müssen Luft haben, und „Hurrah! Hurrah! Hurrah!" und immer wieder „Hurrah!" tönt es durch den Saal, und die Begeisterung will kein Ende nehmen. Was wissen wir armen Jungen von dem

Ernst und den Schrecken eines Krieges! Mit brennenden Wangen und blitzenden Augen, heiße Liebe zu König und Vaterland im Herzen stehen sie da, die schlanken, hübschen, jugendlichen Gestalten; wie manch lieben Freund sah ich hier zum letzten Male.

Endlich legt sich der Sturm, auch die Offiziere sind sichtlich ergriffen, und Major Str. fährt fort: „Ich lasse schon Ihre Reisepässe schreiben, wer mir von Ihnen auf Ehrenwort versichert, er habe keine Schulden mehr in Kassel, kann zu seinem Regiment abreisen.“ Dann weist Major Str. darauf hin, wie nun eine Zeit komme, die von uns verlange, daß wir „Männer“ seien, und in der sich „Charaktere“ bilden müßten, und schließt mit einem begeisterten Hoch auf den geliebten Kriegsherrn.

Und nun stürmt alles von dannen; keiner kümmert sich groß um den andern, nur jeder strebt baldmöglichst fortzukommen. In größter Hast wird gepackt, wüste Unordnung auf allen Stuben, eiliges Hin- und Herlaufen auf allen Corridoren, Hin- und Herfahren von Droschken. Wir vier 88er liegen auf derselben Stube. „Ich habe meinen Reithosenbesatz noch nicht bezahlt!“ sagt der schöne, schwarze A. zu dem langen H. „Donnerwetter, mein Handschuhmacher bekommt noch fünf Thaler,“ erinnert sich dieser als Antwort. Wie kam uns nun mein gestriges Telegramm zu statten.

Um zwei Uhr sind wir fertig. Schnell überall abgemeldet; Major Str. streicht mir freundlich über die Backe und sagt mir zum Abschied ein paar liebe Worte. Dann gehts in Droschken nach dem Bahnhof. Aus allen Fenstern der Kriegsschule nicken und winken und rufen uns die noch nicht reisefertigen Kameraden ein liebes Lebewohl nach. Auf dem Bahnhof fehlt plötzlich der schwarze A. — „Wie viel Zeit noch bis zum Zug?“ — „Fünfundzwanzig

Minuten!" — „Da kommt er!" — „Wo steckst Du, Kerl?" — „Ich habe mir einen famosen Revolver gekauft!" — „Zeig her! Ah! Famos!" — „Solch ein Ding muß ich auch haben! Wo kauft man es?" — „Bei X. in der Friedrichstraße!" — „Hier ist Geld und dort mein Koffer, kaufe mir ein Billet und expedire mein Gepäck, ich bin gleich wieder hier! He! Droschke, zu X., aber Galopp fahren!" —

Natürlich hat X., wie ich zu ihm komme, soeben seinen letzten Revolver verkauft, und zu meinem Eisenbahnzuge komme ich um ein Haar zu spät. Der schwarze A. giebt mir Billet und Gepäckschein, und als ich 7 Uhr Abends im kleinen Hersfeld auf dem offenen Kiesperron stehe und dem mit meinen drei Kameraden nach Fulda enteilenden Zuge nachschaue, da ist zwar ein Koffer für mich ausgeladen, aber nicht der meine. Den habe ich nie wiedergesehen.

Wann wird wohl ein Fähnrich bedächtig? —

II.

Die Mobilmachung.

In dem kleinen Hersfeld war bei meiner Ankunft am 16. Juli 1870 Abends noch nichts von Kriegs-Unruhe zu bemerken. Der Marktplatz mitten im Städtchen mit seinen Giebelhäusern von Fachwerk bot den gewohnten schläfrigen Anblick, und trübselig blind schien der „goldene Stern“ über der Thür des Gasthofs, der gleichzeitig Casino und Absteigequartier für die Offiziere des Bataillons, bezw. Regiments war. Nachdem ich von meinem alten bescheidenen Zimmerchen Besitz genommen und flugs etwas Toilette gemacht, eilte ich über das holprige Pflaster der menschenleeren Straßen nach „Engels Garten“ und fand auch dort am altgewohnten Stammtisch fast sämmtliche Offiziere.

Freundlich ward ich bewillkommt und bald saß ich mit meinem Biertöpfchen im Kreise der Herren, mit gespannter Aufmerksamkeit der Unterhaltung lauschend; hatte ich doch bisher nur Gelegenheit gehabt, mit meinen Kameraden, den andern Fähnrichen, über das gewaltige Ereigniß zu reden. Auffallend war mir aber schon in den ersten Minuten der tiefe Ernst, der auf der sonst so lebensfrohen, heiteren Gesellschaft lag. Die Jugend lebt harmlos und fröhlich dem Augenblick — und jubelnd hatten wir Fähnriche der Kriegsschule den Rücken gewandt; winkten doch Ehre, vielleicht gar Ruhm und die ersehnten Epaulettes. Die Zuversichtlichkeit der Jugend, noch nicht durch trübe Erfahrungen beschränkt, kennt keine Befürchtungen und sieht die Zukunft stets im rosigsten Lichte. Die Offiziere des Bataillons aber, obwohl auch jugendfroh und sorglos, sahen doch weiter, wie wir, und mit fast leiser Stimme sprach man über das französische Heer, über die Stellung, die Süddeutschland einnehmen werde, über die muthmaßlichen ersten Aufstellungen unserer Armeen. Aber durch die Unterhaltung hindurch ging doch bei allem Ernste ein Zug fester Siegeszuversicht. „Im Anfang bekommen wir vielleicht ein paar Mal eins ausgewischt, aber schließlich kriegen wir sie sicher klein!“ Das war die immer wiederkehrende, mit festester Ueberzeugung allseitig ausgesprochene Meinung. Dazwischen durch jedoch erklang immer wieder so mancher Stoßseufzer, und kopfschüttelnd und etwas irre an meinen lieben Herren, die ich immer in sehr idealem Licht gesehen, ging ich mit einem fast unbehaglichen Gefühl ins Bett.

Der nächste Morgen brachte Arbeit und Dienst in Fülle. Das Riesenwerk der Mobilmachung, in der preußischen Armee in der vollendetsten Weise vorbereitet, war schon in vollem Gange. Nothwendig mußte mir, dem militärisch noch sehr Unerfahrenen, die Präcision, mit der der gewaltige Apparat functionirte, im hohen Grade imponiren. Nichts von Hasten und Jagen, von Unruhe und Unsicherheit, von Lärmen und Schreien. Die 600 Offiziere, Unteroffiziere und Mannschaften des Bataillons arbeiteten, ein jeder auf seinem Platz, von frühester Morgenstunde bis zum späten Abend, mit ruhigstem aber angestrengtestem Fleiß. Die wenigen Befehle, die noch zu geben waren, — es ist alles schon vorher so ausgearbeitet, daß in den Mobilmachungs-Termin-Kalender nur noch das Datum des ersten Mobilmachungstages eingetragen werden braucht —, wurden klar und bestimmt den Feldwebeln in die Brieftasche dictirt und ohne Gegenfrage mit größter Präcision und Ruhe ausgeführt. Und wie riesenhaft sind die Mobilmachungs-Arbeiten schon bei einem einzigen Bataillon. Die vielen Neuformationen an Besatzungs-, Ersatz- und Reserve-Truppenkörpern bedingen die Abgabe einer nicht geringen Anzahl an Offizieren, Unteroffizieren und Mannschaften. Sie alle müssen mit der Kriegs-Armatur und Bekleidung ausgerüstet, mit Nationalen, Bekleidungs-Nachweisen und Ueberweisungs-Papieren versehen, zur Eisenbahn mittelst Marschrouten instradirt, besoldet, vorgestellt und auf die Minute in voller Zahl mit minutiösester Peinlichkeit in allen tausend Kleinigkeiten belehrt, unterrichtet, instruirt und schließlich in Transporten fortgeführt werden. An jedem der Mobilmachungstage gehen außerdem Commandos von Offizieren, andere von Unteroffizieren hierhin, dorthin, dahin, das eine 100 Meilen, das andere 10 Meilen weit, bis ins Kleinste mit allem vorsorglich versehen, mit den präcisesten Befehlen, Listen, schriftlichen Instructionen ausgerüstet. Und ebenso treffen von allen Seiten, jetzt auf Landwegen, jetzt mit der Eisenbahn, täglich in großer Zahl Transporte von Mannschaften ein. Die Abholungscommandos für diese müssen pünktlichst das eine an diesem Thor, das andere an jenem, das dritte auf dem Bahnhof sein, völlig darüber im Klaren, was dieser mit seinen 15, jener mit seinen 20 Mann, die er in Empfang zu nehmen hat, in den nächsten paar Stunden anfangen soll. Von den beim Bataillon verbleibenden Mannschaften müssen die Kriegsstammrollen aufgenommen werden, ärztliche Revisionen, Appells, Ausgabe von Bekleidungsgegenständen, Ausrüstungsstücken, Armaturstücken, Munition, Schleifen der Seitengewehre, der Bajonettes, des Schanzzeuges wechseln einander ab.

Wenige Augenblicke bleiben dem Offizier in dieser Zeit

für die Beschaffung der eigenen Bedürfnisse; auch er soll schon im Frieden stets feldmäßig equipirt sein. Mit Mühe brachte ich, durch den Verlust meines Koffers aller nothwendigen Wäsche beraubt, in dem kleinen Städtchen die nothwendigen Artikel zusammen. Einige wollene Hemden, ebensolche Unterbeinkleider und Strümpfe, alle Toiletten-Gegenstände, möglichst en miniature, bildeten mit den gelieferten Uniformstücken meine Equipirung. Hohe Stiefel, der Schleppsäbel an der Seite, Offizier-Tornister mit Verbandzeug u. s. w., eine kleine Ledertasche mit Chocolade, Feldflasche, Pfeffermünzkuchen und anderen bescheidenen Erfrischungs-Gegenständen vervollständigten die Ausrüstung.

Müde von aller Arbeit suchte ich Abends wieder „Engels Garten“ auf, wo schon alle Offiziere versammelt waren. Aber was war das? Schon von weitem fröhliches Gelächter, heiterste Stimmung, munterstes Geplauder! Der Bann, der gestern auf allen gelegen hatte, war fort, die „Kriegsrangliste“ war herausgekommen; die Furcht vor dem Zurückbleiben beim Ersatzbataillon, die gestern wie ein Alp die frohe Kriegshoffnung belastete, und die doch keiner auszusprechen gewagt, war beseitigt. Von unseren Herren war keiner zum „Schwamm“ verurtheilt, deshalb die allgemeine, ungetrübte Fröhlichkeit. Jetzt erfuhr ich auch, daß ich die jüngste Seconde-Lieutenantsstelle bei der 12. Compagnie erhalten hätte; unter Hauptmann v. G., dem ältesten Capitän des Regiments, standen bei dieser Compagnie die Lieutenants v. L., und B., ein Reserve-Lieutenant K. und ich; im Ganzen also fünf Offiziere, wie bei jeder Compagnie.

Der 18. Juli brachte vom Morgen bis zum Abend wieder reichliche Arbeit. Ein Lieutenant von den 6. Ulanen aus Mühlhausen erschien in Hersfeld und hob aus den sämmtlichen Pferden der Umgegend, die zu diesem Zweck gestellt werden mußten, die Augmentationspferde für das Bataillon aus und eine Anzahl für den Train. Jeder Bataillons-Commandeur erhält bei der Mobilmachung ein drittes, jeder Compagnie-Chef und jeder Bataillons-Adjutant ein zweites Pferd gestellt. Außerdem müssen die Bespannungen für den Munitions-Wagen, für die vier Compagnie-Wagen, für den Medicin-Karren, die Reitpferde für den Stabs- und Assistenzarzt beschafft werden. Und welche Mühe verursachen in den Mobilmachungstagen diese Pferde und Fuhrwerke allein! Da müssen Geschirre verpaßt, die fremden Pferde aneinander und an ihre fremden Pfleger gewöhnt und eingefahren werden. Aber wie musterhaft ist alles in Friedenszeiten vorbereitet und bedacht. Da fehlt nicht eine Schnalle, da fehlt nicht ein Nagel zu den Reservehufeisen, da hängt unter dem neuen Wagen auch sicherlich die Büchse mit Fett zum Schmieren der Räder, und der Pinsel dazu ist sicherlich am bestimmten Platz. Mit welcher Sorgfalt sind die Medicinkarren eingerichtet, mit welchem Fleiß werden auch während eines langen Friedens durch häufige Revisionen die vielen Instrumente tadellos blank und rostfrei erhalten, die Medicamente erneuert und ergänzt.

Wenige Stunden blieben mir auch an diesem Tage wieder nur für meine Privatangelegenheiten. Am folgenden, dem 19. Juli, trat ich mit drei Offizieren und einer Anzahl von Unteroffizieren und Mannschaften eine Commandofahrt nach Wetzlar und Weilburg an der Lahn zur Abholung der Reserven des Regiments an. Der preußische Soldat dient bekanntlich 3 Jahre bei der Fahne; die nächsten 4 Jahre ist er zur Reserve in seine Heimath beurlaubt. Im Kriegsfall wird durch die Reservisten das Bataillon auf 1000 Mann, die Compagnie also auf 250 Mann augmentirt. Jedes Regiment hat seinen Ersatzbezirk und aus diesem holt ein jedes im Kriegsfall seine dort in Listen controlirten Leute herbei.

Wir kamen, nachdem ein Theil unseres Commandos in Wetzlar zurückgeblieben, gegen Abend in Weilburg an und wurden dort einquartirt. Zahlreiche Reservisten waren schon eingetroffen, ebenfalls einquartirt, und durchzogen, oft von Weib und Kind begleitet, die Straßen des Städtchens, theils lärmend und singend, theils still und in sich gekehrt, je nach der Individualität des Einzelnen. Abends 8 Uhr erwies das Städtchen sich als unzureichend, alle Mannschaften aufzunehmen; ich mußte mit 400 Mann auf ein Dorf hinaus und fand dort nothdürftig Unterkommen.

Am nächsten Morgen marschirte ich um 4 1/2 Uhr mit meinen 400 Mann nach Weilburg zurück, und auf dem Appellplatz beim Schloß versammelten sich nun die Mannschaften, die zur Stelle sein mußten. Ein bunt bewegtes Bild. Im Hintergrunde das hochgebaute Schloß mit seinen Terrassen, breiten Sandsteintreppen und steinernen Springbrunnen und hohen vielverschnörkelten Eisengittern. Rings umher die bescheidenen ziegelgedeckten Häuser am Markte. Auf dem Platze ungefähr 1500 Reservisten aus allen Berufsklassen bunt gemischt. Der Kaufmann im modernen Anzug, den Cylinder auf dem Kopf, ein elegantes Handköfferchen neben sich — wer findet in solchen Zeiten Bedienung —, steht neben dem Bauer im blauleinenen Kittel mit Pelzmütze und weißem Schnurrsack über den breiten Rücken. Dort eine Gruppe jüngerer Männer, anscheinend Arbeiter, Tagelöhner, Knechte. Die Schnapsflasche geht von Mund zu Mund, laut und lärmend ist ihr Verkehr. Dort ein Häuflein von einigen 50 Menschen. Es sind die Reservisten aus einem der nächsten Dörfer, denen Eltern,

Gatten, Kinder, Geschwister das Geleit geben. Hier fließt manche Thräne, zeigt manch stummer Blick das tiefe Herzensweh. Von allen Seiten her kommen in größeren und kleineren Trupps noch immer neue Ankömmlinge. Endlich ist es Zeit. Die Verlesung der Mannschaften beginnt, die altgewohnte Disciplin fordert ihr Recht und bald stehen die Leute in drei Gliedern rangirt, in Abtheilungen abgeteilt, zum Abmarsch bereit. Auf dem Marsch zum Bahnhof giebt Jung und Alt uns das Geleit, der Extrazug ist pünktlich zur Stelle und um 9 Uhr Morgens gehts mit „Hurrah" fort.

Unsere Fahrt geht über Wetzlar, Gießen nach Frankfurt a. M., wo wir nach einem glühend heißen Tage Abends eintreffen. Unterwegs haben sich mehrfach neue Transporte uns angeschlossen, unser Zug ist riesenlang, und mühsam keuchen die zwei Maschinen mit uns vorwärts. Unsere Leute sind in ihrem Betragen recht lobenswerth. Sie sind bezüglich des Essens und Trinkens auf die mitgebrachten Lebensmittel angewiesen und leiden den Tag über wohl unter Hunger und namentlich unter Durst; doch nirgends Ungehorsam; mit den alten Soldatenliedern, die immer wieder von vorn angefangen werden, vertreiben sie sich die Zeit.

In Frankfurt nur kurzer Aufenthalt; mit hereinbrechender Nacht keuchen wir wieder vorwärts: nach Hanau, dann mit vieler Mühe das Kinzigthal nach Elm hinauf, wo die Ausläufer von Vogelsberg und Hoher Rhön zusammentreffen. Dort wurden die Maschinen an das entgegengesetzte Ende gekoppelt, und nun gehts das Thal der Fulda abwärts zur gleichnamigen Stadt, unserem Regiments-Stabsquartiere.

Um 4 Uhr Morgens kommen wir nach neunzehnstündiger Eisenbahnfahrt dort an; aber an Ruhe ist nicht zu denken. Der Regiments-Commandeur erwartet uns schon auf dem Marktplatz. Die langen Reihen marschiren dort auf; aufs neue Verlesung, Vertheilung, und um $7^1/_2$ Uhr sind wir nach ununterbrochener Arbeit mit etwa 600 Mann, die meist für unser Bataillon in Hersfeld bestimmt sind, wieder auf dem Bahnhof. Um 11 Uhr Vormittags treffen wir in unserer Garnison ein, um 1 Uhr sind wir endlich frei; es liegen einige 40 Stunden angestrengten Dienstes hinter uns.

In meinem Stübchen finde ich Briefe von den lieben Eltern aus P. Die letzten Einkäufe werden besorgt, und am nächsten Morgen ruht beim Dienst zum ersten Male das Auge wohlgefällig auf den langen Fronten der durch die Reservisten nunmehr complet gewordenen Kriegs-Compagnieen. Der Tag bringt durch Appells mit den Reservisten noch reichliche Arbeit. Am Abend aber blitzt der Telegraph und meldet nach Fulda und an das General-Commando des 11. Corps nach Kassel: „Mobilmachung beendet!"

Eine gewaltige Arbeit ist glücklich vollendet; nur der Berufssoldat vermag die Leistung in ihrem vollen Umfange zu würdigen.

Die Kasernenschränke stehen jetzt leer. Der Tornister ist gepackt, die Patronenbüchsen sind gefüllt; die Taschen mit je zwanzig Patronen hängen beide am Koppel. In der neuen Kriegsgarnitur, die Feldmütze auf dem Kopf, durchschwärmen unsere Mannschaften das Städtchen; vor das Thor darf keiner mehr; jeden Moment kann der Befehl zum Abmarsch kommen.

Aber noch 24 Stunden vergehen im ungeduldigen Warten. Da endlich tönen am Abend des folgenden Tages die langgezogenen Töne des Alarmsignals durch die Straßen. Im Laufschritt eilt Alles zur Kaserne; in 5 Minuten steht das Bataillon in rechts abmarschirten Sectionscolonnen bereit. Der Commandeur zieht den Säbel: „Bataillon marsch!“ Die Tambours und Pfeifer thun, was sie können; das ganze Städtchen ist auf den Beinen. Bald ist der Bahnhof erreicht, die Pferde und Fuhrwerke sind schon verladen; Coupésectionen werden formirt, ein Hornsignal zum Einsteigen, Tornister unter die Bank, das Gewehr zwischen den Beinen; „Fertig Alles!“ — „Los!“ — Ein langer Pfiff — „Gott schütze Euch!“ tönts hunderfältig von den Lippen der Bürger und „Hurrah! Hurrah! Hurrah!“ gehts hinein in die Nacht. Die 88er verließen Hersfeld für immer.

III.

Ausmarsch und Weißenburg.

Der stark verschiedenartige Charakter der einzelnen Bevölkerungstheile unseres Landes tritt in der Armee, an den einzelnen Regimentern erkennbar, deutlich hervor; ein Beweis, daß die Schroffheit der Disciplin doch noch der gesunden Entwickelung der einzelnen Individualität ihr Recht läßt. Der Ersatz des 88. Regiments besteht hauptsächlich aus Nassauern und Hessen; 1870 kamen, da in Folge der kurzen Zugehörigkeit beider Länder zum preußischen Staate die Jahrgänge der Reserven noch nicht, bez. erst zum verschwindenden Theil vorhanden waren, noch Ersatzmannschaften aus Thüringen und Westfalen hinzu. Ihnen allen fehlt die Elasticität des Geistes, der gesunde Humor, der dem Brandenburger, speciell dem Berliner, über so manche Strapaze, manch schwierigen Moment hinweghilft und ihn zu einem hervorragend guten Soldaten macht. Gutmüthig, willig, auch leicht zu lenken, ist der Nassauer durchaus kein schlechter Soldat; aber während ein gütiges Schicksal ihn seine Heimstätte in einem fruchtbaren, gesegneten Ländchen finden ließ, in dem er nicht, wie der Brandenburger, in harter, schwerer Arbeit auf magerer Scholle des Lebens Nothdurft befriedigt, versagte es ihm jene Zähigkeit und Spannkraft des Körpers und Geistes, die in hervorragender Weise ernstes Ringen mit dem harten Leben segnend begleiten.

Humoristische Inschriften, wie „Eilzug nach Paris“ ꝛc.,

fehlten daher auf den Wagen unseres Eisenbahnzuges, der in schier endlos langer Linie mühsam mit uns vorwärts dampfte. Aber die gesangbegabten Thüringer ließen doch bis spät in die Nacht unverdrossen ihre Lieder ertönen, schwermüthige, langsam wiegende Weisen, von dem Soldaten, der ein Mägdlein liebte, von Abschied und Schmerz des Scheidens.

Mit grauendem Morgen langten wir in Hanau an, dann gings auf Umwegen nach Mainz; nicht direct über Frankfurt, sondern über Aschaffenburg, Darmstadt. Die gewaltigen Anforderungen, denen die wenigen Eisenbahnen zur Concentration dreier großer Armeen an der Westgrenze gerecht werden sollten, konnten wohl solche Abnormitäten rechtfertigen. Donnernd rollt der Zug über die hochgebaute Brücke des vielbesungenen Stromes. Zwischen den haushohen Eisenconstructionen der einzelnen Brückenbogen hindurch blickt das entzückte Auge tief unten auf die im Sonnenlichte spielenden Wellen, auf die grünen Inselchen, die blitzenden Fenster und Dächer und den stolzen, funkelnden Dom des alten Mainz, während hinten am blauen wolkenfreien Horizont in ruhig edler Linie der Höhenrand des Taunus sich abzeichnet. Ein letztes schönes Bild des Friedens. Ein greller Pfiff, der schnarrende Ton der Bremsen, Hornsignale, Commandos; wir stehen auf dem düstern, rauchgeschwärzten Bahnhof von Mainz. Es ist 7 Uhr Morgens; wie willkommen sind uns daher die nnserer harrenden freundlichen Herren des Mainzer Verpflegungs-Comités, die zu dampfendem Kaffee und überreicher Speise uns führen und immer wieder nöthigen, und des Guten und Lieben uns gar nicht genug thun können. Auch die Mannschaften finden an langen Brettertischen aus gemauerten Feldkesseln reichlich Befriedigung von Hunger und Durst; in Pferdeeimern wird ihnen noch kurz vor der Weiterfahrt der Wein in die Wagen gereicht, und die Offiziere haben alle Mühe, zu großer Freigebigkeit zu steuern.

Nach halbstündiger Rast geht unsere Fahrt weiter über Worms, Ludwigshafen, Speier, Neustadt, nach Landau, durch wogende Kornfelder zwischen Hopfengärten, grünen Wiesen hindurch durchs breite fruchtbare Rheinthal an freundlichen, reichen Dörfern vorbei; im Westen die vielen runden Kuppeln des Haardtgebirges; von Osten her schaut der Odenwald herüber und zeigt auf breiter Schleppe manch hochgethürmte Stadt; darüber eine graue Burgruine. Bald brennt die Mittagssonne auf uns nieder, aber auf allen Stationen löschen fast zu reichliche Spenden des — man verzeihe den Soldatenausdruck — sehr „süffigen" Pfälzer Weines den immer wieder sich meldenden Durst. Die Opferwilligkeit der Einwohner ist wahrhaft erhebend; mit welcher Freudigkeit bieten die meist von den Uniformirten der freiwilligen Feuerwehr bedienten Comités in wahrhaft kolossalen Massen Wein und Speisen an. Es ist unglaublich, was ein Bataillon von 1000 Mann in fünf Minuten an Speise und Trank durch die Coupéfenster hindurch zu verschlingen vermag.

Endlich — 6 Uhr Abends, wir haben auf dem letzten Theile unserer Fahrt oft halbe Stunden lang auf freiem Felde gehalten, um dann nur kurze Strecken vorzurücken — sind wir am Ziel. Wir steigen vor Landau aus, und marschiren mit steifen Gliedern 2 Stunden weit nach dem Dorfe Edesheim. Ein jüdischer Kleinkrämer ist mein Quartierwirth, und nachdem ich in mein Zimmer geschaut und gerochen, gelüstet mich nicht sehr nach dem für morgen angesetzten Ruhetag.

Nicht ungern höre ich daher am nächsten Morgen 8 Uhr — es ist der 26. Juli — das plötzliche Alarmsignal. Alles rennt durcheinander. „Was ist los?“ ruft ein Füsilier über die Straße. „Alarm, Du dummer Rekrut!“ lautet die liebevolle Antwort eines bärtigen Reservisten. Bald steht das Bataillon auf dem Alarmplatz, der stets beim Einrücken ins Cantonnement bestimmt wird.

„Wohin?“ fragen auch die Offiziere. Es ist ein beengendes, ungemüthliches Gefühl, daß man im Kriege nie erfährt, was eigentlich geschehen soll. Werden wir eine Stunde marschiren oder zehn? Werden wir Quartier haben oder Biwak oder Gefecht? — Kein Mensch weiß es. Der Gehorsam ist blind. Die Bewegungen der Truppen werden angesetzt, mehr kann auch oft der Höchst-Commandirende nicht thun, das andere muß sich „historisch entwickeln!“ —

Heut soll es nicht sehr schlimm werden. Wir marschiren eine Stunde weit, besetzen auf einer Höhe die steinernen Gutsgebäude des „Gleisweiller Hof“, stehen eine Stunde mit Gewehr in der Hand, zwei weitere bei den zusammengesetzten Gewehren, hören 20 verschiedene Vermuthungen und ebenso viele Gerüchte, die uns die allmählich mit reichlichen Weinmassen sich einstellenden Bauern zutragen, und marschiren schließlich Mittags nach Landau ins Quartier.

Das Städtchen ist schon dicht belegt, die holprigen Straßen wimmeln von Soldaten verschiedener Regimenter, dazwischen hunderte von Leiterwagen. Ich komme mit 18 Mann zum Bürgermeister; er hat schon 36 Musketiere, aber der gute Wille des Hausherrn und der kameradschaftliche Sinn der Mannschaften beseitigen alle Hindernisse.

Der kommende Morgen bringt dem jetzt in und bei Landau vereinigten Regiment die ernste schöne Feier eines Feldgottesdienstes. Auf grüner Wiesenfläche ist ein Feldaltar erbaut, ein Crucifix, brennende Kerzen und das Wort Gottes schmücken ihn. Gegenüber und zu beiden Seiten stellen die drei Bataillone des Regiments sich auf. Hell lacht die Sonne, kein Lüftchen regt sich, und zaghaft und unsicher kommen ohne die gewohnte Orgelbegleitung die ersten Töne des herrlichen Lutherliedes: „Ein' feste Burg ist unser Gott" — von den Lippen. Bald aber sind alle, auch die sonst vielleicht gleichgültigen Herzen gefangen, manche Thräne rollt über braune Wangen in den dichten Bart und in tiefem, andächtigen Schweigen lauscht die Gemeinde den kurzen, aber herzergreifenden Worten des Geistlichen. Empfindungen der entgegengesetztesten Art, wie sie nur der Krieg hervorzubringen vermag, verwirren mein junges Gemüth. Die Predigt dringt mir tief ins Herz, das von Vertrauen gegen Gott und von Menschenliebe erfüllt ist, aber immer wieder haften meine Blicke auf den schwarzen, glänzenden Patronentaschen, die das scharfe Geschoß bergen, das bald nicht mehr gegen die gewohnte harmlose Pappscheibe, sondern gegen Menschen, die warm fühlen und lieben wie wir, sich richten soll.

Nach Landau kehren wir nicht zurück. Ein mehrstündiger Marsch bringt uns nach dem Dorfe Neupotz, südlich von Germersheim, hart am Rhein gelegen, wo wir bis zum 2. August verblieben. Mit Lieutenant Blumhof, einem der Compagnie-Offiziere, liege ich in einem Hinterstübchen der Dorfschenke; wir werden furchtbar von Rheinschnaken geplagt, Tag und Nacht finden wir keine Ruhe. Heiße Tage; dabei fieberhafte Spannung, wie's werden mag. Wir exerciren täglich auf der Roggenstoppel dicht beim Dorf, die „Schlumpschützen" müssen noch etwas nach der Scheibe schießen. Keine oder sehr spärliche Briefe von Haus, keine Zeitungen, kein Buch, aber brennendes Verlangen im Herzen nach dem Aufhören dieser verzehrenden Unthätigkeit. Der 2. August bringt endlich Erlösung. Abends 8 Uhr ertönt plötzlich das nun schon gewohnte Alarmsignal; ein kräftiger Händedruck mit den schnell liebgewonnenen Dorfbewohnern, und bald liegen im Lichte der untergehenden Sonne hinter uns die letzten deutschen Quartiere.

Auf viel gewundenen, tief zerschnittenen Feldwegen gehts mühsam vorwärts. Schnell bricht die Nacht herein, und der anfangs muntere Gesang der Füsiliere verstummt. Auch die Scherze des Witzmachers, des Compagnieschusters, wollen nicht mehr verfangen, und schweigend bewegt sich die lange Colonne dicht aufgeschlossen den Weg entlang. Nur hin und wieder ein leiser Fluch, wenn ein stolpernder „Rekrut“ gegen den Vordermann fällt, oder das Klappern eines Kochkessels, gegen den ein zu flach getragenes Gewehr gestoßen. Endlos scheint der Weg; dem Auge bietet sich unter den Schatten der Nacht keine Abwechselung, jetzt begleitet uns wohl eine halbe Stunde lang rechts ein Wald, dann tauchen in weiter Ferne links die verschwommenen, düsteren Umrisse eines Dorfes auf, das einsame Gebell eines wachsamen Hundes schallt herüber. So gehts stundenlang vorwärts; an der Spitze des Bataillons reitet schweigend der Commandeur, die Karte in der Hand, welche er von Zeit zu Zeit nach einem besonders kräftigen Zug aus der Cigarre mit letzterer erleuchtet.

Mitternacht ist lange vorüber, da endlich eine Chaussee, wir passiren einen Eisenbahndamm, sehen rechts im Felde eine einsame Locomotive stehen — sie hat Recognoscirungszwecken gedient — und biegen nun auch von der Straße ab. Wir stolpern über viele Furchen, formiren Colonne nach der Mitte. Endlich heißt es: „Halt. Gewehr ab! Viertel Zugs Distanz genommen!“ und dann: „Setzt die

Gewehre zusammen!“ Schnell ist das Gepäck abgelegt, nothdürftig ausgerichtet, und müde wirft sich alles zur Erde; erst als ich mit dämmerndem Morgen erwache, vermag ich zu erkennen, daß ich in einer Kartoffelfurche liege.

Es ist der 3. August. Wir, die Avantgarde des 11. Armeecorps, die 82er und 88er, liegen im Biwak bei Winden, nur zwei Stunden von der Grenze entfernt; die III., die Kronprinzliche Armee ist in sich aufgeschlossen, und morgen marschiren wir mit vier Corps, dem 5., 11. und 1. und 2. baierischen, nach Frankreich hinein.

Der Soldat aber muß den Augenblick nützen, und harmlos fröhlich entfaltet sich heut noch das muntere, vielgestaltige Biwaksleben. Die Verpflegung ist reichlich und gut, mit Putzen und Schaben und Hacken und Kochen und Braten und Brozeln vergeht dem Füsilier der Tag; unermüdlich pusselt er vom Morgen bis zum Abend herum, um des Gaumens Genüsse zu erhöhen; d. h. der Nassauer; der Westfale liegt faul im Graben und schläft; er hungert lieber, ehe er kocht; erst der Befehl des Vorgesetzten käschert ihn auf.

Die Nacht bringt strömenden Regen. Mein Capitän aber, ein wetterkundiger Waidmann, hat vorsichtig aus unserem kärglichen Biwaksstroh eine Hütte bauen lassen, und während wir Abends es unter uns vermissen und über die harte Erde raisonniren, danken wir jetzt froh für den Schutz, den es von oben gewährt.

Von dem prächtigen Jugendschlafe neu gekräftigt, erwache ich, als mich unser guter Lieutenant v. L. an einem Beine zur Hütte heraus zieht. „Hier Würmchen, ist Kaffee, mache se schnell, es geht gleich weg“, sagt er mit leisem Anklang an den noch nicht ganz verlernten Nassauer Dialekt. Nach wenigen Minuten heißt es: „An die Gewehre!“ — Nach kurzem Streit mit seinem wunderschönen, bei der Mobilmachung eingestellten Schimmelhengst trennt sich unser lieber Bataillonscommandeur unfreiwillig von diesem und fällt sanft, aber doch wenig angenehm in den gänzlich aufgeweichten braunen Lehmboden, sehr zum Schaden seiner stets musterhaften Toilette, und dann treten wir an. Es ist 6 Uhr Morgens. Zwei Stunden marschiren wir auf grundlosen Wegen durch den von allen Bäumen tropfenden Bienenwald, vor uns eine lange Linie von Bajonnetten, hinter uns ebenso; da hören wir vorn Hurrahgeschrei, es klingt näher und näher, bald stimmen wir selbst mit ein, am blauweißrothen Grenzpfahl gehts vorüber. Noch einige hundert Schritt da: „Bumm!“ und wieder „Bumm!“ und noch ein Schuß; die Arbeit der Geschütze hat begonnen. Wir aber wenden leider dem Donner derselben den Rücken, wir haben linksum gemacht und marschiren nach Lauterburg, das zu besetzen uns befohlen ist. Allmählich verklingt der Lärm des bei Weißenburg tobenden Kampfes, durch freundliche Dörfer geht unser Marsch. An den Thüren der strohgedeckten Fachwerkhäuser, die weiß getüncht mit dem braunen Gebälk und weinbewachsen ein überaus behagliches Ansehen haben, stehen die Bewohner, flachsköpfig, hochgewachsen und sehen mit blauen Augen uns furchtlos und freundlich an. Ein ächt deutscher Volksschlag, unverfälschte Alemannen.

Um 1 Uhr haben wir Lauterburg erreicht.

„Die 10. Compagnie besetzt die Dorfwachen, 9., 11., 12. Compagnie setzt die Gewehre zusammen!“ — „Hinlegen.“ Alles wirft sich müde auf die Dorfstraße. Eine Bauersfrau bringt mir gutmüthig — meine jugendlich kleine Gestalt mochte ihr Mitleid erregen — eine braune Schüssel mit Milch. Durstig setze ich dieselbe an die Lippen, da, Galopp eines Ordonnanzoffiziers, er ruft ein paar Worte und schon schreit unser Commandeur: „An die Gewehre! Das Gewehr über, ganzes Bataillon kehrt; ohne Tritt marsch!" und rückwärts gehts in ununterbrochenem Marsch bis Abends 5 Uhr, wo wir das Schlachtfeld erreichen. Jede Compagnie hat freilich an 50 Mann unterwegs todtmüde liegen lassen.

Der Kampf ist zu Ende; wir passiren einen Theil des Schlachtfeldes, um den uns am Nordabhange des Geißberges angewiesenen Biwakplatz zu erreichen.

Scheu streift der Blick die ersten Todten. Ein Turko liegt in seiner malerisch bunten Uniform auf dem Rücken, beide Kniee zur Brust krampfhaft gekrümmt, mit den Händen hat er tief in die Erde gekrallt, der breite Mund mit den wulstigen Lippen ist weit geöffnet, der Blick gläsern zum Himmel gekehrt. Dort liegt ein 87er auf dem Gesicht; nicht weit davon ein Königsgrenadier. Die Wagen des Sanitätsdetachements mit ihren weithin leuchtenden rothen Kreuzen auf weißem Fähnchen fahren überall umher und lesen die letzten Verwundeten auf. Deutlicher erkennbar werden die Umrisse des Schlosses Geißberg, die Todten mehren sich; ein umgestürzter, wild verwüsteter kleiner Hopfengarten, die Stangen wild durcheinander gebrochen, hier liegen viele Todte; der Preuße a u f dem Franzosen. Ringsum Waffen, Blutlachen, Kleiderfetzen, Papier, Tornister, verkohlte Holzscheite, zerbrochene Räder, todte Pferde und tausend andere Dinge. Alles zerstampft, in den Schmutz getreten.

Endlich sind wir am Biwakplatz. Bald flackert ein Feuer aus dem Holz der nächsten Zäune; wir sind ja jetzt in Feindesland. Ich liege todtmüde auf meinem Mantel und mag nichts essen. Links oben auf der Höhe das ragende Schloß, rechts unten im Thal das Städtchen Weißenburg, scheinbar friedlich im Abendsonnenglanz und doch jetzt unendliches Elend bergend. Eine Batterie keucht noch mühsam den Berg hinan, um ihren Biwaksplatz zu erreichen. Mit aller Kraft legen sich die sechs Pferde vor jedem Geschütz in die Siele, denn klatschend fällt die Peitsche der Fahrer auf ihren Rücken und doch müssen die Kanoniere noch in die Speichen greifen. Doch jetzt fallen mir die Augen zu. So beginnt die erste Nacht auf Frankreichs Boden.

IV.

Wörth.

Aus unserem Biwak bei Weißenburg brachen wir am 5. August 6 $^1/_2$ Uhr Morgens auf und marschirten durch die im hellsten Sonnenschein funkelnde Landschaft bis Soultz sous forêt, wo wir gegen 1 Uhr Mittags anlangten. Auf unserem Wege fanden wir in umgestürzten, zerbrochenen Proviantwagen, todten Pferden, fortgeworfenen Kleidungsstücken, Stiefeln, Helmen, Gewehren, Säbeln, Tornistern und hin und wieder der Leiche eines unterwegs Verbluteten deutliche Spuren des fluchtartigen Rückzuges der am Tage vorher geschlagenen Division des Generals Abel Douay.

Nachdem wir das an der Eisenbahn Weißenburg-Hagenau liegende Städtchen Soultz passirt, wurde wenige hundert Schritt vom westlichen Ausgange entfernt, hart an der rechten Seite der Chaussee nach Wörth, auf einer großen Roggenstoppel von neuem Biwak bezogen. Wir gehörten heut nicht zur Avantgarde, sondern zum Gros, und bald sahen wir weithin nach rechts und links die glitzernden Reihen der Bajonnette der Gewehr-Pyramiden, während um dasselbe herum jedesmal das bunte, krabbelnde Leben der Mannschaft des betreffenden Bataillons mit Holzhacken, Kochlöchergraben, Fleischverteilen und Kochen sich entfaltete.

Bald stiegen auch bei uns die grauen Rauchwölkchen zum Himmel. Während mein guter, etwas corpulenter

Hauptmann, die ewige Cigarre im Munde, auf einem Feldstuhl sitzend mit spärlichen Worten das Aufschlagen unseres großen erbeuteten französischen Zeltes leitet, und der eine Lieutenant der Compagnie die Vertheilung der Rationen an die einzelnen Corporalschaften überwacht, haben wir andern zur Compagnie gehörigen Offiziere den großen Blecheimer, die Compagniemenage, vom Wagen geholt, die in höchst praktischer Verpackung Teller, Löffel, Tassen, Becher, Büchsen, Pfannen, alles natürlich von Blech, in ihrem Innern birgt. Ich werde, obgleich noch Fähnrich, als Inhaber einer Offiziersstelle, deren Feldzulage ich übrigens bereits beziehe, mit zur Familie der Compagnie-Offiziere herangezogen, und auf mir ruhen naturgemäß als dem Jüngsten die Haushaltungssorgen. Mein Bursche, Füsilier Rau, ein aufgeweckter Bockenheimer Fabrikarbeiter, unser Oberkoch, teilt aber dieselben redlich mit mir. Ein gutmüthiger Geselle, flink, mit braunen Backen und blitzenden schwarzen Augen, findig und überaus praktisch.

„Herr Fähnrich, da drüben hinter der Höhe stehen Kartoffeln, ich glaube, sie sind schon reif, darf ich?“ fragt er mit verschmitztem Lächeln. — Ich sehe meinen Hauptmann an, der zufällig zuhört, und da er nicht nein sagt, sind schnell ein paar Mützen voll geholt. Speck, Rindfleisch, Reis, Kartoffeln, Salz sind da, auch etwas Grünes zur Suppe hat sich gefunden, die frische Luft stärkt den Appetit, und prächtig soll die beim qualmenden Feuer mit vielen Prusten und Augenthränen bereitete Mahlzeit munden.

Einige besonders hungrige Füsiliere haben schon probirt, die Bouillon schmeckt bereits recht gut, aber das Fleisch ist noch nicht weich. Der Eifer des Kochens steigert sich mit der Hoffnung auf baldige Befriedigung der Begierden, alles ringsum ist Arbeit und Thätigkeit, da — eiliger Galopp eines Generalstäblers: „Das Bataillon soll sich sofort zum Abmarsch fertig machen!“ — „Ans Gepäck, Kochkessel aufschnallen!“ ruft der Bataillons-Commandeur. Alles stutzt. „Na, wollt Ihr Kerls wohl!“ — „Runter mit den Kesseln vom Feuer, gießt das Zeug in den Sand“, schreien jetzt die Compagniechefs. Dem Befehl folgt die That; mit halbverbrannten Fingern werden die heißen Kochkessel auf die Tornister geschnallt. „Umhängen! — An die Gewehre — Gewehr in die Hand!“ Das Bataillon ist fertig zum Abmarsch.

In großer Entfernung hören wir Gewehrfeuer. Geknallt hat's da vorn schon seit einer Stunde. „Sind Patrouillen“, hat's geringschätzig geheißen, und schließlich hat keiner mehr hingehört. Jetzt ist das Schießen lebhafter; wir stehen 1/4 Stunde und noch eine. Befehl zum Vorrücken ist nicht gekommen. Das Feuern vorn wird endlich schwächer und hört am Ende ganz auf. „Das Bataillon kann wieder Biwak beziehen“, kommt schließlich der Befehl.

Mit leisem Schimpfen und Fluchen wird das Fleisch von neuem zu Feuer gebracht, aber weich will's nicht mehr werden, und die Bouillon und die schönen Speckkartoffen sind auch dahin. Bald aber trösten uns einige Fässer guten rothen Landweins, die der Zahlmeister im nahen Städtchen auf höheren Befehl requirirt und lustig die Chaussce entlang gewälzt hat.

Fröhlich sitzt Alles in Gruppen, wie Zufall oder Freundschaft sie zusammengeführt, bei einander; rauchend, trinkend, plaudernd, und als am Abendhimmel die Sonne golden untertaucht, da krieche ich zur Nachtruhe nicht ins dumpfe Zelt, sondern werfe mich bei den Pferden an der Chaussee aufs Stroh.

Das soll mir aber schlecht bekommen. Um Mitternacht

erwache ich von einem gewaltigen Donnerschlag, in dicken Fäden strömt der Regen nieder, und ich fühle, daß ich schon im Wasser liege. Vergeblich versuche ich aufzustehen, mit den dünnen Lederschuhen, die ich Abends statt der hohen Stiefel an die schmerzenden, wundgelaufenen Füße gezogen, bleibe ich in dem fetten, aufgeweichten Boden stecken. Fast eine halbe Stunde schreie ich vergeblich nach Rau und meinen Stiefeln; von Zeit zu Zeit erhellt ein fahler Blitz die Reihen unserer Gewehre; rings im Kreise hocken auf den Tornistern die sich unruhig bewegenden Gestalten unserer längst erwachten Füsiliere. Sie haben wenigstens Stiefel und Mäntel an und können sich vor allzu arger Nässe einigermaßen schützen. Endlich kommt Rau, gießt meine Stiefel aus und hilft sie mit vieler Mühe mir an die arg geschwollenen Beine. Dann stelle ich mich, eine nasse Pferdedecke, die ich vom Compagniewagen gezerrt, um die Schultern, an einen Baum, bis auf die Haut durchnäßt, todtmüde und frierend, und erwarte mit Sehnsucht den Tag. So vergeht Stunde um Stunde; gleichmäßig strömt der Regen nieder, und ich komme mir sehr bemitleidenswerth vor. Das Zelt ist vom Gewitterwind längst umgestürzt, und wie es allmählich tagt, erkenne ich an den nächsten Bäumen die Gestalten der Compagnie-Offiziere.

Mit Mühe entfachen die Leute ein qualmendes Feuerchen, an dem das schmutzig gelbe Bachwasser langsam erhitzt wird. Ein paar halb zerquetschte Kaffeebohnen schwimmen darin, aber es erwärmt doch einigermaßen.

Alles freut sich, als gegen 7 Uhr Morgens der Befehl zum Abmarsch kommt. Der durch die Nässe noch schwerere Tornister drückt zwar besonders, und die durchnäßten Kleider scheuern beim Marschiren die Haut wund, aber die Bewegung erwärmt, die Thätigkeit erfrischt den Geist, und guten Muthes geht's in dem handhohen grauen Brei der von der Artillerie stark zerfahrenen Chaussee vorwärts, wenn auch das Tapsen der Hinterleute den Schmutz bis in den Nacken spritzt.

Nach einstündigem Marsch biegen wir von der Straße ab; auf Sandwegen geht's durch nicht zu hohen Buchenwald. Marschirende Infanterie vor uns und hinter uns, so weit das Auge reicht. „Halt, Gewehr ab! Rührt Euch!" — Aber schon nach 5 Minuten geht's wieder vorwärts. „Rechts heran!" schreit's von vorn. Die linke Seite der Straße wird möglichst frei gemacht; ein Ordonnanz-Offizier jagt vorüber, bald folgt ein zweiter. Hell scheint jetzt die Sonne, und bald sind wir trocken und stampfen vorwärts, bis es wieder auf wenige Minuten Halt heißt. Infanteriefeuer hören wir schon lange rechts vorwärts, aber jetzt dröhnt auch der erste Kanonenschuß zu uns herüber, ein Zeichen für Jeden, daß es heute wieder Ernst wird, und ein allgemeines langgedehntes „Ah" geht denn auch durch die Reihen.

Immer noch dichter Wald rechts und links; eine Batterie wird vorgezogen und trabt rasselnd an uns vorbei, und unwillkürlich wird auch unser Marschtempo noch lebhafter. Die Unterhaltung im Bataillon ist längst verstummt; mit ernsten Gedanken ist jetzt wohl ein Jeder beschäftigt. Endlich hat der Wald ein Ende. Ackerland dehnt sich rechts und links und vorwärts aus und steigt vor uns allmählich an. Das 82. Regiment, das vor uns marschirte, steht schon in zwei Treffen auseinandergezogen, die Bataillone in der Angriffscolonne. Auch wir marschiren nun auf und laden die Gewehre.

„Halt, Gewehr ab; rührt Euch!"

Links vor uns stehen in Gefechtsintervallen das 1. und

2. Bataillon unseres Regiments. Links vorwärt wird eben ein Verbandplatz von einem Sanitätsdetachement etablirt. Vor uns nichts zu sehen — der Höhenrand verdeckt die Aussicht —, aber heftiges Schießen von Infanterie. Mit Viertelzugdistanz, Colonne nach der Mitte, steht das Bataillon, die Offiziere auf den äußeren Flügeln, die scharfgeschliffenen Schleppsäbel gezogen. Langsam reitet der mitten vor der Front haltende Commandeur an den Fahnenträger heran, die Wachstuchhülle fällt und lustig flattert unser Panier im Winde, das Heiligthum, auf das der Soldat einst als junger Rekrut Treue bis zum Tode gelobt.

Schweigend harren wir weiterer Befehle. Da wendet sich der vor mir stehende Führer des achten Zuges, Lieutenant Blumhof, mit todtbleichem Gesicht zu mir. Er stützt seine Säbelspitze auf einen Stein, biegt die Klinge krumm und sagt: „Ach, Würmchen, ich wollte, es wäre Abend, ich muß heut' sterben!“ — „Nanu, Herr Lieutenant“, sage ich tröstend und ermuthigend, er aber winkt abwehrend ehe ich weiter sprechen kann, und tritt zu seinem Zuge zurück.

In Zwischenräumen rücken wir allmählich vor; die Bataillone, die rechts und links von uns gestanden, sind schon weiter vorgezogen und unseren Blicken entschwunden. Endlich haben wir den Höhenkamm erreicht; zwei preußische Batterieen stehen dicht links von uns im Gefecht, und vor unseren Augen entrollt sich das ergreifende Bild der im vollen Gange befindlichen Schlacht. Wir stehen, die letzte Reserve des 11. Armeecorps, auf der Höhe nordwestlich Gundstedt und haben den tobenden Kampf zu unseren Füßen.

Steil fällt unsere Höhe zu dem breiten Wiesenthal des Sauerbaches ab; unten liegen sich die in weißen Dampf gehüllten langen Schützenlinien gegenüber, stoßen bald vor und prallen dann wieder zurück. Jenseit der Sauerwiesen steigt ein langer Höhenrücken an, die Hänge mit Weingärten bedeckt; Schützengräben, etagenweise übereinander angelegt, durchschneiden dieselben und speien dichten Kugelregen auf die ungedeckten preußischen Tirailleurs im Wiesenthal. Die Höhe wird von den bereits brennenden Dörfern Elsaßhausen und Fröschweiler gekrönt, letzteres etwas zurückgelegen. Feindliche Batterieen in langer Linie feuern von dort ins Thal hinab. Ganz rechts, also nördlich, liegt das den linken Flügel der französischen Stellung bildende Städtchen Wörth im Wiesenthal der Sauer. Dort haben die Baiern angegriffen und suchen bereits, wie wir deutlich sehen, den feindlichen Flügel zu umfassen. Im Centrum kämpft das 5. Corps, das unsere, das 11., auf dem linken deutschen Flügel.

Jetzt reitet Generallieutenant v. Schachtmeyer vor unsere Front: „Füsiliere, Ihr sollt heut' Eure Feuertaufe haben, haltet Euch brav, wie Eure Brüder, die sich dort unten verbluten. Denkt an Euer Vaterland und denkt an Euer Leben nicht, sterben müssen wir alle mal!"

Dann aber sagt er unserm Commandeur, daß unser Bataillon erst eingesetzt werden solle, wenn die württembergische Division im Anmarsch sei. Von links her durch das Sauerthal muß sie kommen, und sehnsüchtig schauen wir nach ihren Teten aus, bis endlich gegen 12½ Uhr Mittags die ersten Bajonnette der allerdings noch fernen Colonnen im Sonnenlichte blitzen.

Jetzt treten auch wir an. Wild pocht das Herz gegen die Rippen, denn in das furchtbare Getöse da unten sollen auch wir nun hinein. Ich habe herzlich zu Gott gebetet, Er solle mich gesund erhalten, oder auch sterben lassen, aber Sein gnädiger Wille wolle doch nicht sein, daß ich zum

Krüppel werde. Kletternd gelangen wir den steilen Abhang hinunter, auf die Kolben der Gewehre müssen unsere Füsiliere sich stützen. Ueber uns weg geht der Donner der Geschütze, der soeben von uns verlassenen Batterieen. Am Rande der Wiese einen Moment Halt zum Ordnen. Dann: „10. und 11. Compagnie ins erste Treffen!“ — beide nehmen Schützen vor — und im Halbbataillon folgt unsere 12. Compagnie geschlossen mit der 11. Jetzt sind wir auf den Wiesen und piuh, piuh, pfeifen nun die Chassepotkugeln über uns weg. Immer stärker wird das feindliche Feuer; wir können noch keinen Schuß geben. Todte und Verwundete bedecken massenhaft überall den Boden, jetzt sind wir an der Sauer, die vordersten springen hinein, die Wellen schlagen ihnen über dem Kopfe zusammen. Mit Mühe zieht man Einige heraus, Einige ertrinken. Rechts und links schlagen die Kugeln ins Bataillon, die meisten gehen Gottlob zu hoch. Die Aufregung des Augenblicks macht sonst Unmögliches möglich. In wenigen Minuten sind aus der nahegelegenen Wassermühle einige Wagen herbeigeschleppt, hundert Hände greifen zu, die Wagen liegen im Wasser, mit Steinen beschwert, Bretter sind über die Wagenleitern geworfen, die Nothbrücke ist fertig.

Stärkerer Kugelregen empfängt uns jenseits der Sauer. Ich sehe keinen Franzosen; wir streben halblinks auf eine Waldecke zu, aus der das feindliche Feuer kommt. Eine Hopfenplantage, die vom Feinde schon geräumt, links umgehend, kommt unser Halbbataillon in gleiche Höhe mit den beiden vorher vorgezogenen Compagnieen, die um das Hinderniß rechs herum marschirt waren. Jetzt commandirt Hauptmann v. G.: „Rechts und links marschirt auf, marsch, marsch!“

In Linie steht jetzt unser Halbbataillon höchstens 150 Schritt vom Rande des „Niederwaldes“ entfernt, aus dem ein mörderisches Feuer uns entgegenkommt und uns viele Todte und Verwundete schafft.

Ohne Commando ist Alles niedergeknieet, erst gehen ein paar Salven von uns in den Wald hinein und darauf folgt ein heftiges Schützenfeuer. Ich kniee am Flügel meines Zuges, die feindlichen Geschosse fahren mit ihrem scharfen, nervenzerreißenden Ton fortgesetzt mir um die Ohren, im Zuge selbst entsteht durch zusammenbrechende Mannschaften Lücke auf Lücke; das heftige Feuern hüben und drüben, rechts und links von uns übertäubt die aus voller Macht von verschiedenen Seiten her geschrieenen Commandoworte. Plötzlich schlägt eine Granate dicht vor uns ein; eine zweite im nächsten Moment etwas rechts hinter mir. Erdklumpen und Grasbüschel fliegen uns um den Kopf, eine dunkelrothe Feuergarbe sprüht auf, ein scharfer Knall, das grelle, oft in einen langgezogenen singenden Ton ausartende Zischen der Splitter folgt. Wohl über ein Dutzend Mann streckt das *eine* Geschoß nieder; langsam sehe ich Oberst Köhn v. Jasky, unsern Regiments-Commandeur, der unmittelbar hinter unserer Front gehalten, vom Pferde sinken. Einen kurzen Moment stutzen unsere Leute, die moralische Einwirkung des Granatfeuers ist groß, selbst der Fahnenträger, ein baumlanger Sergeant, springt halb auf, als wolle er zurück. Da packt ihn mein Hauptmann, der im ganzen Bataillon besonders verehrt wird, an der Schulter und ruft mit mächtiger Stimme: „Was soll das, Keller, *da* geht's hinein!" und deutet auf den Wald. „Mit Gott vorwärts!" ruft jetzt der Sergeant, die Offiziere sind schon vor der Front, schlagen mit dem Säbel die Gewehre der zum Theil in der Erregung noch feuernden Füsiliere in die Höhe und nun geht's mit gefälltem Bajonnete mit „Hurrah! Hurrah!" auf den Waldrand los.

Die Franzosen halten dem Angriff nicht Stand; als wir den Wald erreichen, verschwinden die rothen Hosen schon zwischen den Bäumen und werden nun von unserem wüthenden Feuer verfolgt.

Dann ein kurzer Augenblick des Verschnaufens, während dessen aber das feindliche Feuer gegen uns schon wieder beginnt. Hinter den Bäumen suchen die Mannschaften Schutz, von Zugführung ist für mich keine Rede mehr; ich habe, ein ungeübter Soldat, meine Leute aus der Hand verloren und laufe zu meinem Hauptmann und während des weiteren Verlaufs der Schlacht neben ihm her. Bald dringen wir feuernd im Walde vor, die Schüsse dröhnen hier doppelt laut, das feindliche Feuer ist wieder furchtbar stark. An den Schneusen empfängt uns Mitrailleusenfeuer und bringt uns große Verluste. Markerschütternd wirkt jedesmal der reißende, knarrende Ton dieser Geschütze. Triefend vor Schweiß, mit fliegendem Athem, Hurrah schreiend, treibend, anfeuernd, commandirend, jetzt mit geschwungenem Säbel, jetzt uns mühsam durch Gestrüpp zwängend, dessen Zweige uns Gesicht und Hände blutig schlagen, dringen wir vor. Endlich ist der jenseitige Waldrand erreicht; vor uns einige Kiesgruben und dahinter feindliche Geschütze.

„Artillerie, Artillerie, die müssen wir haben!“ schreien Offiziere und Mannschaften aufgeregt durcheinander.

„Ruhe, Ruhe, erst einen Augenblick sammeln!“ ruft Hauptmann v. G. In Eile bekommen wir etwa 150 Mann zusammen, manche fremde Achselklappe ist darunter, nothdürftig wird rangirt und in Sectionen eingetheilt, und dann geht's wieder vorwärts.

Der erste Anlauf geht bis zu den Kiesgräben; platt wirft sich alles auf den Bauch: „Kleine Klappe hoch,

Schnellfeuer!“ Zwei Geschütze fahren davon, bei den übrigen hält die Bedienung aus und sucht mit Kartätschfeuer uns zurückzuwerfen. „Auf, marsch, marsch, Hurrah!“ tönt das Commando, zwei schlimme Ladungen gehen zum größten Theil zu hoch, jetzt sind wir am Ziel, die Geschütze sind unser. Was nicht todt oder verwundet ist, wird niedergemacht, und mit der Kreide, die ihm sein beim Ausbruch des Krieges zum Generalstab versetzter Capitän scherzweise zu diesem Zweck geschenkt, schreibt Lieutenant S. an die Geschütze: 11. und 12. Compagnie 88.

Aber weiter: „Vorwärts, vorwärts.“ Halb rechts vor uns liegt das brennende Fröschweiler; ein breiter Höhenrücken, auf dem wir jetzt in langer Linie, ohne Soutien, die Fahne in der Schützenlinie, vorrücken, fällt nach vorwärts sanft ab und steigt zur gegenüberliegenden Höhe, welche von feindlicher Infanterie und Artillerie besetzt ist, wieder an. Längs eines Feldweges, der mit dünnen Obstbäumchen besetzt ist, werfen wir uns nieder; Brust und Leib finden in einer flachen Furche dürftige Deckung, Kopf und Beine sind ungeschützt. Knisternd und rasselnd und pfeifend saust eine Mitrailleusenladung nach der anderen durch die Bäume; wehrlos liegen wir da, denn unsere Zündnadeln reichen nicht hinüber, und haben große Verluste. Kein Schuß fällt auf unserer Seite; da plötzlich drüben helle Trompetensignale; dichte Staubwolken wirbeln auf, auf riesigen Rossen, in blanken Kürassen, den wallenden Roßschweif hinten am Helm, reiten, den blinkenden Pallasch in der Hand, zwei Kürassier-Regimenter zur Attacke an.

„Carré formiren, Carré formiren!“ rufen bei uns, der Friedensgewohnheit gemäß, die Füsiliere durcheinander Hauptmann v. G. aber schreit mit donnernder Stimme: „Denkt Ihr Schafsköpfe, die kommen hier herauf? Kleine

Klappe, Schnellfeuer!“ Dichter Pulverdampf hüllt uns nun ein; in langer Linie ein wüthendes Knattern des Kleingewehrfeuers. Plötzlich höre ich dicht rechts hinter mir schnaubende, keuchende Pferde; mit sechs Geschützen fährt die Batterie des Hauptmanns Teubel bis in unsere Schützenlinie. „Im Avanciren abgeprotzt. Mit Kartätschen geladen, vom rechten Flügel feuern!“ und r-r-rung, r-ung, r-r-rung, geht Schuß auf Schuß in die dichten Massen der feindlichen Cavallerie.

Als sich der Rauch verzieht, welch' grausiger Anblick. Ein dichter Haufen todter Menschen und Pferde, hinkender Verwundeter, herumjagender, lediger Pferde, mit dem Reiter im Sattel hochaufbäumender und dann zusammenbrechender Rosse. Die Kürassiere sind vernichtet. Der letzte Widerstand des Feindes ist gebrochen, die Schlacht gewonnen. Todtmatt liegen wir am Boden. — —

V.

Der Abend der Schlacht.

Es war am Abend der Schlacht von Wörth. Wir hatten, die Füsiliere 88, in der Apfelbaumreihe eines Feldweges nordwestlich des brennenden Dorfes Elsaßhausen liegend, gemischt mit Mannschaften der 82er, 94er, 95er und mancher gelben Achselklappe vom 5. Armee-Corps, den Angriff der historisch gewordenen französischen Reiter-Brigade theilweise sich entwickeln sehen, theilweise mit abschlagen helfen, und dann, nachdem die württembergische Division, zwischen uns durch, die wir schachmatt am Boden lagen, vorgehend, die Verfolgung der im vollen Rückzug befindlichen französischen Armee aufgenommen, völlig erschöpft die Gewehre zusammengesetzt. Hinter uns lag das brennende Elsaßhausen, rechts vorwärts tobte in dem ebenfalls brennenden Fröschweiler noch Infanteriekampf, aber man hörte dem allmählich schwächer werdenden Feuer an, daß auch dort die Schlacht zu Ende ging. Schnell war der Tornister, seit Morgens 6½ Uhr getragen, vom müden Rücken abgeworfen, und „Wasser“, „Wasser“, „nur einige Tropfen Wasser“, lechzte Alles.

„Fähnrich!“ — „Wasser holen!“ schrie mein Hauptmann mir zu.

Rasch wurden die Kochkessel vom Tornister abgeschnallt, und klappernd, in jeder Hand zwei Kessel, traten die commandirten Mannschaften in zwei Gliedern an. „Rechts um, marsch", auf gut Glück ging's in südlicher Richtung vorwärts, und bald fanden wir am Waldesrand einen ziemlich wasserreichen Bach. Ein todtes Schwein lag mitten in demselben; die Ufer von Pferdehufen zerstampft, ganze Erdklumpen waren beim Uebersetzen der Cavallerie ins Wasser gerollt, ein graugelbes, dickflüssiges, sandiges Wasser. Es knirscht zwar zwischen den Zähnen, und die von den am Abend vorher im Biwak bei Sulz gekochten Speckkartoffeln fettige Innenwand des Kochkessels will das Sandwasser nicht annehmen, aber trotzdem, welch Labsal. Und wie freudig werden wir bei unserer Rückkehr vom Bataillon begrüßt.

Müde liegt nun wieder alles bei den Gewehren. Da horch! „Hurrah!" „Hurrah!" tönt's in der Ferne, immer näher, und plötzlich springt Alles auf: „Der Kronprinz kommt!"

Im ruhigen Jagdgalopp, um eine Pferdelänge seiner zahlreichen Suite voraus, in hohen Stiefeln, den langen Schleppsäbel an der Seite, mit der Schärpe umgürtet, den Feldstecher am schwarzen Lederriemen über der Schulter, die breitrandige Feldmütze mit großem Schirm auf dem Haupte, das gütige Gesicht strahlend in Freude über den glänzenden Sieg und doch voll Ernst und Mitleid, die zahlreichen Todten und Verwundeten vorsichtig umreitend, kam unser geliebter Feldherr daher. Jetzt hält er bei uns, und nachdem der erste Enthusiasmus sich gelegt, meldet der Commandeur Major v. H., daß das Bataillon 3 Geschütze und 2 Mitrailleusen heute im Feuer genommen habe!

„Das ist eine schöne Feuertaufe, Füsiliere, eine bessere konntet Ihr nicht haben, ich werde dem Könige, meinem Vater, davon Meldung machen!" Das waren die Worte, die aus dem Munde des geliebten Herrn hell und freudig über uns weg tönten und in jedem Herzen hellen und freudigen Wiederklang fanden. Ein freundliches Nicken mit dem Kopfe, ein kurzer Druck des linken Schenkels in die Weichen des großen Fuchses und im ruhigen Galopp ging's weiter.

Da lagen wir wieder, todesmatt, bis höhere Befehle uns unsern Biwakplatz für die Nacht anweisen würden; aber wie beruhigend hatte das edle, gemessene Wesen unseres herrlichen Kronprinzen auf unsere überreizten Nerven gewirkt. Es kam ein süßes Gefühl innigen Dankes gegen Gott für die gnädige Bewahrung, für den tapfer errungenen Sieg und ein klein wenig von dem friedevollen Gefühl, das treue Pflichterfüllung gewähren kann, über mich! Das Bild meiner lieben Eltern und Schwestern daheim trat lebhaft vor meine Seele; o Gott, wie gütig und gnädig bist Du! Welch Glücksgefühl kann warmer, aus tiefstem Herzen kommender Dank gegen Gott gewähren!

„Friedrich Wilhelm!" — „Herr Hauptmann!" — Ich hatte mich gewöhnt, auf die mir von meinem alten Capitän, dem Hauptmann v. G., im Scherz gegebenen Vornamen zu hören. „Friedrich Wilhelm", kam's langsam aus dem grauen Barte von den dicken freundlichen Lippen, „können Sie mir nicht solchen Kürassiergaul fangen, die Biester laufen da massenhaft herum und mein verd— Pferdebursche hat sich mit beiden Gäulen gänzlich gedrückt." — „Ich will's versuchen, Herr Hauptmann."

Mein Schleppsäbel stak schon am rechten Flügel der Gewehrpyramiden meines Zuges in der Erde, der Helm war darauf gestülpt. Die leichte Feldmütze auf dem Kopf lief ich fort. Ja, das Einfangen war leichter gedacht, wie gethan. Bis auf 5 Schritt ließ mich solch hinterlistiger Franzosengaul wohl heran, dann plötzlich beide Hinterbeine gegen mich hoch heraus gefeuert, und fort war er!

„O mon officier! O, ma pauvre France!“ so klagten rechts und links die verwundeten Franzosen; die deutschen Soldaten lagen ganz still und sahen mich mit großen Augen ruhig an. Bald war das Pferd vergessen. Dort schob ich rasch einem armen in die Brust Geschossenen den Tornister unter den Kopf, hier half ich einem am Arme Verwundeten das Verbandzeug aus dem Tornister ziehen, dort tröstete ich mehr gut gemeint, wie gut französisch: „Attendez, mon brave, le médecin viendra bientôt!“

So verging schnell eine halbe, vielleicht eine ganze Stunde. Du mußt zum Bataillon zurück! — Ja, wo ist das Bataillon? War's nicht hier, wo wir vorher lagen? Nein, weiter links; also links gegangen, ja aber das ist nun schon zu weit links. Also zurück. Kein Bataillon zu sehen, das Bataillon ist fort. Ueberall begegnen mir einzelne Soldaten, Versprengte, die, wie ich, ihren Truppentheil suchen. „Habt Ihr Füsiliere 88 gesehen?“ — „Nein, Herr Fähnrich.“ — Endlich hat einer sie gesehen. „Hier hinter Elsaßhausen!“ — „Kann ich durch das brennende Dorf?“ — „Ich glaube nicht, Herr Fähnrich!“ — Versuchen wir es. Welch trauriger Anblick. Die ärmeren Hütten sind schon eingestürzt und glimmen nur noch; bei einer derselben stöckert ein altes zerlumptes Weib mit fliegendem grauen Haar mit einem langen Stecken im rauchenden Schutte herum und sieht mich mit irren wässerig blauen Augen an. Die größeren Häuser brennen noch hell und mit Mühe springe ich an der Gluth vorbei. Alles todt und still. Die Leichen der Gefallenen liegen kreuz und quer auf der Dorfstraße, an den Vorgärten der brennenden Häuser. Verwundete scheinen nicht mehr — Gottlob — im Dorfe zu sein.

Endlich bin ich an dem nach Wörth zu führenden Dorfausgange. Rechts der Straße fällt das Terrain nach den Wiesen des Sauerbachs ab, und am Abhange entdecke ich wirklich zu meiner Freude die geliebten rothen Achselklappen, die „doppelt geachteten“. Doch schnell war ich sehr enttäuscht; es war nur ein Häuflein von etwa 100 Mann unter einem Premier-Lieutenant B., das in den Straßenkampf von Fröschweiler hineingerathen gewesen war und nun vereinzelt hier biwakirte. Sie wußten nichts vom Bataillon und glaubten alles andere todt. Da konnte ich nun manch Tröstliches, aber freilich auch viel Trauriges erzählen. Unser Oberst, Köhn v. Jaski, der Mann, hart von Stahl, aber mit einem treuen, zuverlässigen Herzen, ist todt, ich habe ihn auf der Sauerwiese, als er mitten im ärgsten Artillerie- und Infanteriefeuer auf seinem riesigen Rappen hinter uns hielt, die lange Holz-Cigarrenspitze im Munde, schweigend und langsam rückwärts vom Pferde sinken sehen. Der lange Pellet hat sich auf der Sauerwiese verblutet, sterbend winkte er uns beim Vorbeimarsch mit dem Säbel freundlich zu. Der arme Lieutenant Blumhof liegt oben in der Apfelbaumreihe mit einem Granatsplitter im Kopf; er hat mir heut früh gesagt, daß er fallen würde.

„Haben Sie meinen Hauptmann nicht gesehen, Herr Fähnrich?“ fragte mich ein Pferdebursche. — „Hauptmann v. Graevenitz, 9. Compagnie?“ ist meine Gegenfrage; „der ist todt, er liegt am Waldesrand — und Hauptmann v. Elpons ist schwer verwundet“, erzählte mir nun Premier-Lieutenant B., und so geht's weiter. „Aber, liebes Würmchen“, sagt er endlich — das war mein Spitzname bei den Offizieren — „es thut mir leid, Sie sind gewiß hundemüde, aber ich muß Sie doch noch mit den Wasserholern nach Wörth hinunterschicken; ich selbst kann als Höchstcommandirender hier nicht fort.“ —

Nun ist mir doch das Weinen nahe. Seit Mitternacht des vorhergehenden Tages hatte ich im Sulzer Biwak von Regen triefend mit einer nassen Pferdedecke um die Schultern an einem Baum gestanden, sehnsüchtig den Tag erwartend; dann war ich den ganzen Tag, ohne einen Bissen zu essen, marschirt und 5 Stunden im Kampf gewesen; nun war's halb 9 Uhr Abends, und noch einmal sollte ich, der kaum noch stehen konnte vor Müdigkeit, nach dem eine halbe Stunde entfernten Wörth. Doch was half's. Widerspruch? — Undenkbar! „Weich gegen dich selbst?" „Dann bist du verloren!" — Also vorwärts, und wieder klappere ich mit 20—25 Wasserholern von dannen.

Die Chaussee führt von Elsaßhausen auf einem Höhenrücken entlang und schließlich hinunter nach Wörth. Rechts: Ackerland, Wein- und Hopfengärten, steinerne Weinbergshäuschen, von der Artillerie halb in Trümmer geschossen, alles zerstampft, zerbrochen, verwüstet, durcheinander geworfen, mit Leichen, Waffen, Tornistern, Tuchfetzen, Stiefeln, Soldbüchern, Hemden, Musikinstrumenten, Putzgeräthschaften bedeckt. Links: dasselbe Bild und außerdem das brennende Fröschweiler, dessen flammender Kirchthurm von Zeit zu Zeit meine immer dunkler werdende Straße erhellt. Und die Straße selbst! Sanitätswagen mit dem rothen Kreuz auf weißer Fahne und ähnlichen Seitengardinen drängen die Straße vorwärts, rückwärts entlang; alles, was von Verwundeten noch kriechen kann, hat sich an diese Straße geschleppt und ruft wehklagend den vollgepfropften Wagen nach: „Nehmt mich doch mit!" „Nehmt mich doch mit!" Und dann wieder zu uns: „Tretet mich nicht; ach, Ihr werdet mich treten." — Je mehr wir uns Wörth nähern, desto dichter wird die rechts und links liegende Schaar der Verwundeten. Eine Art Hohlweg führt schließlich zur Stadt hinunter. Da lehnen die bleichen Gestalten, die sich bis hierher geschleppt und die ihre Beine nicht weiter tragen wollen, todesmatt an der Böschung, oft mit geschlossenen Augen, scheinbar todt. Aber die klappernden Kochkessel schrecken sie auf. „Habt Ihr Wasser?“ „Ach gebt uns einen Tropfen Wasser!“ kommt es mühsam und qualvoll von den brennenden Lippen.

Unten in dem Städtchen, welch ein Gedränge. Wagencolonnen auf jeder Straße, dicht in einander gefahren; Train-Offiziere und Armee-Gensdarmen jagen auf und ab, fluchend und schreiend, die Verwirrung ist zu groß, die Colonnen können nicht vor-, nicht rückwärts. Dazwischen einzelne Trupps, ganze Compagnieen und Bataillone, einzelne Leute, das Gewehr am Riemen über der Schulter hängend. Wasserholer drängen von allen Seiten herein; auf dem Marktplatz ein Ziehbrunnen, doch der giebt schon lange kein Wasser mehr.

Wir ziehen von Gehöft zu Gehöft. Alle Brunnen von Hunderten umlagert. Da bekamen wir in einer Stunde noch kein Wasser. — „Halt, hier fließt ja die Sauer durch die Stadt!“ Doch voll Schrecken wenden wir uns fort, zwei blutige Turkoleichen liegen halb am Uferrand, halb im Wasser und färben letzteres roth. Endlich ein stiller, einsamer Hof; ein Brunnen, kein Mensch zu sehen. „Hier endlich ist Wasser!“ Doch kaum sind die ersten Kessel gefüllt, da tritt ein Armee-Gensdarm aus dem Hause: „Herr Fähnrich, ich muß bitten, den Hof sofort zu räumen, hier liegt der schwer verwundete commandirende General des 11. Corps, General v. Bose.“

Also weiter. Wir schöpften schließlich an einer anderen Stelle voll Ekels aus der Sauer und wandern zurück. Wie viel grausiger ist jetzt unser Weg. Schwarz senken sich die

Schatten der Nacht auf unsere Straße. Ueberall tönt Stöhnen und Aechzen der Verwundeten an unser Ohr, doch wir sehen kaum noch etwas, der Himmel ist dick bewölkt. Ob die armen Verwundeten, die in großer Zahl noch unverbunden unter freiem Himmel liegen, noch werden strömenden Regen ertragen müssen? Endlich sind wir wieder am Biwakfeuer angelangt. „Wasserholer zur Stelle!" melde ich halb schlafend. Ich höre noch halb im Traum, wie der gutmüthige Lieutenant B. von „einem feine Süppche" in seinem nassauischen Dialekte spricht, das er aus gefundenem Schiffszwieback zubereitet habe, aber zu essen vermag ich nicht mehr. Ich bin neben dem französischen Zelte hingefallen, das Lieutenant B. für uns beide hat inzwischen aufrichten lassen, und zu matt, um hineinzukriechen. Noch einmal öffne ich die Augen. Ein Stern schaut freundlich aus den Wolken. „Gute Nacht!" tönt's leise von meinen Lippen. Galt's den Lebenden? Galt's den Todten? Ich weiß es nicht!

VI.

Vormarsch auf Châlons.

Herrlich strahlend ging am 7. August am wolkenlosen Himmel über dem Dorfe Gunnstedt die Sonne auf, ließ die Thautropfen an den Gräsern der Sauerwiesen in ihrem Scheine funkeln und glänzte, nachdem sie die dünnen Nebelschichten, der Erde graues Nachtgewand, zerrissen, friedlich und freundlich wie sonst hernieder. Wer kennt nicht den Zauber eines thaufrischen, sonnenhellen Sommermorgens, wenn ringsum die Welt noch im Morgenschlummer ruht und nur ein emsiges Bäuerlein hinterm Pfluge mit ermunterndem Zuruf an die schnaubenden Pferde und die jubelnd emporsteigende Lerche die friedevolle Stille unterbrechen. Welch' grausiges Bild dagegen heute.

Als ich früh gegen 4 Uhr erwache, sehe ich rechts von mir das Zelt des Lieutenants B., der noch in tiefem Schlafe ruht. Ringsum Leichen von Freund und Feind; unmittelbar hinter mir liegt quer die Leiche eines Turkos in seiner bunten Kleidung, die ich jedoch mit nur geringer Scheu zu betrachten vermag. Vor mir am Wiesenhang sind unsere Leute schon beschäftigt, ein Feuer zu entzünden und Vorbereitungen zum Kochen des sehr geschätzten Kaffees zu treffen. Ein verwundeter Unteroffizier vom — ich glaube — 47. Regiment liegt zehn Schritte von mir entfernt und schreit alle Augenblicke: „Dreht mich doch um!“ Er hat einen Schuß durch die Lunge und viel mit Athemnoth zu kämpfen. Greller und dadurch noch grausiger als gestern Abend tritt überall das Bild furchtbarer Verwüstung hervor. Im Dorfe Elsaßhausen, nur hundert Schritt rechts hinter uns, knallt alle paar Minuten ein Schuß und läßt mich jedesmal zusammenfahren, ein Beweis, wie sehr von gestern her die Nerven noch abgespannt sind. Es sind die Gewehre von todten Soldaten, die, durch die Gluth des noch immer brennenden Dorfes erhitzt, sich von selbst entladen.

Aber jetzt kommt mir auch erst das, was gestern geschehen, einigermaßen zum Bewußtsein. Gott hat den Deutschen einen neuen Sieg gegeben, hat mich gnädig und höchst wunderbar erhalten und beschützt; welch tief empfundenes Dank- und Glücksgefühl regt sich in meinem Herzen. Ich habe nie wieder in meinem Leben solch' heißen, freudigen Dank empfunden, wie an jenem Tage. Hätten nur erst die lieben Eltern und Geschwister daheim Nachricht von mir, das ist die einzige Sorge, die mein Glück mir trübt.

Bald ist auch Lieutenant B. erwacht. Nachdem wir uns an Kaffee und aufgefundenem französischen Schiffszwieback erfrischt — es müssen ganze Proviant-Colonnen erbeutet sein, denn überall stehen vereinzelte Fuhrwerke mit Lebensmitteln umher —, besteige ich die Rappstute des Hauptmanns v. Grävenitz, um den Biwakplatz des Regiments zu suchen. Gestern hat noch der Besitzer froh und heiter plaudernd im Sattel gesessen, jetzt liegt er bei den Todten am Waldesrand.

Mein Ritt bringt mich nach Wörth und dann in das Gelände zwischen letztgenannter Stadt und Fröschweiler. Todte liegen zu vielen Hunderten umher, jedoch haben Commandos von den einzelnen Regimentern bereits überall begonnen, gewaltig große Gräber auszuheben, die fünfzig bis hundert der Gefallenen gleichzeitig zur Ruhestätte dienen werden.

Auch sind Mannschaften unter Aufsicht von Unteroffizieren beschäftigt, die Leichen zusammenzutragen, und der kameradschaftliche Sinn zeigt sich bestrebt, als letzte Liebesthat bei den Gefallenen nach der eigenen Achselklappe auszuschauen und nach der Regimentsnummer die Todten zusammenzubetten.

Ein reich bewegtes Bild bietet das Schlachtfeld. Ich halte einen Augenblick auf der Höhe östlich Fröschweiler und sehe, so weit das Auge reicht, das bunte, krabbelnde Leben der biwakirenden Truppen. An den Hängen der Berglehnen hinunter, weit westlich über Wörth hinaus, entfaltet sich dasselbe in ameisenartigem Durcheinander. Ueberall steigen zwischendurch die grauen Rauchwölkchen der Biwakfeuer zum wolkenlosen Himmel empor und markiren den Standort der einzelnen Bataillone. Versprengte vom vorigen Tage irren noch überall umher und suchen nach ihren Truppentheilen; dann begegnen mir Commandos von Wasserholern, die Krankenträger-Compagnieen tragen auf Leinwandbahren Verwundete zusammen, Proviant- und Fuhrparks-Colonnen auf allen Wegen, einzelne Ordonnanzreiter, Adjutanten und andere Offiziere zu Pferde in buntem Gewirr.

Vergeblich aber suche ich nach den 88ern, auch bei Elsaßhausen vermag ich sie nicht zu finden. Die Macht der Gewohnheit läßt mich in Verbindung mit den noch abgestumpften Nerven mit einem gewissen Gleichmuth die dichtgesäeten Massen der Todten betrachten; besonders entstellte Leichen nur noch erwecken mir Grausen. Das Artilleriefeuer richtet in dieser Beziehung die schlimmsten Verwüstungen an. Welch' Friede aber dagegen auch wieder auf den Gesichtern mancher Todten. Ein junger preußischer Hauptmann, ich weiß das Regiment leider nicht mehr, ist mir besonders erinnerlich. Er lag an der Straße Elsaßhausen = Wörth lang auf dem Rücken mit rothen Wangen und glücklichem Lächeln. Man hätte schwören mögen, er schlafe; aber drei bis vier Waffenrockknöpfe waren geöffnet, das Hemd bei Seite geschoben, und auf der linken Brust gerade auf dem Herz zeigt sich ein kleines, rundes, mit rothbraunem, angetrocknetem Blut bedecktes Loch. Das alte Landsknechtslied fährt mir durch den Sinn: „Kein schön'rer Tod ist auf der Welt, als wer vor'm Feind erschlagen!"

Die preußischen Verwundeten sind jetzt wohl zum größten Theil schon fortgeschafft und erfreuen sich liebevoller Pflege. Franzosen freilich liegen wehklagend noch viel umher; es ist das Schicksal der Besiegten, daß sie warten müssen, bis die Sieger Berücksichtigung gefunden; jedoch macht sich auch an ihnen nun schon die werkthätige Liebe zu schaffen.

Mehrere Stunden bin ich bereits unterwegs, und fast daran verzweifelt, trotz allen Umherfragens, die 88er zu finden, da treffe ich plötzlich, ebenfalls zu Pferde, unsern von mir wegen des mir stets bewiesenen Wohlwollens besonders verehrten Regiments-Adjutanten Lieutenannt L., der mich freundlich und herzlich begrüßt und mir erzählt, daß das Regiment unten auf den Sauerwiesen bei Spackbach biwakire, so ziemlich der einzige Fleck, wo ich es bisher nicht gesucht.

„Aber da können Sie nachher hinunterreiten, liebes Würmchen, vorläufig kommen Sie nur mit mir, ich suche noch nach todten und verwundeten Offizieren des Regiments!"

„Was ist denn dort drüben los, Herr Lieutenant?" frage ich, auf eine im freien Felde stehende große Linde deutend, um die herum ein lebhaftes Treiben sich bemerkbar macht.

„Wir wollen mal hinüber galoppiren!" — Bald sehen

wir, daß dort ein Verbandplatz angelegt ist; mehrere preußische Aerzte entfalten ihren aufopfernden Fleiß in rastloser Arbeit, denn immer neue Verwundete trägt man ihnen zu, die, erst verbunden, in den breiten Schatten des Baumes möglichst bequem gebettet werden. Wie wir um die Linde herumreiten, entdecken wir, mit dem Rücken gegen den Stamm gelehnt, in wollene Decken gehüllt, den todtbleichen Kopf verbunden, durch 5 Mitrailleusenkugeln an Kopf, Hals und Brust schwer verwundet, den lieben, ganz jungen Lieutenant v. Schl. unseres Regiments. Mit mattem Lächeln erkennt er uns, die wir von herzlichstem Mitleid getrieben von den Pferden springen und zu ihm eilen. Was an Hülfe und Pflege ihm verschafft werden kann, wird ihm zu Theil, und als wir trauernden Herzens von ihm Abschied genommen haben und weiter reiten, sagt Lieutenant L. mit Thränen in den Augen zu mir: „Den armen, lieben Kerl sehen wir auch nicht wieder.“

Der Leser vergönne mir, die Erzählung des tragischen, weiteren Schicksals dieses ausgezeichneten Offiziers hier einzuschalten.

Als unser mit Lorbeeren reich geschmücktes Regiment nach dem Feldzuge in seine neue Garnison Mainz eingezogen war, erschien — ich glaube schon im Winter 1871 — Lieutenant v. Schl. nothdürftig zusammengeflickt, zur allgemeinen, herzlichen Freude wieder im Kameradenkreise. Als Bezirksadjutant fand er einige Jahre Schonung vom Frontdienst, und die geringe, ihm dort gewährte Zulage benutzte dieser vortreffliche, charaktervolle Offizier, der Sohn einer armen kurhessischen Offizierswittwe, einen jüngeren Bruder zu sich zu nehmen, ihn zu erhalten und ihm durchs Gymnasium zu helfen. Dann ging er auf Kriegsakademie, erwarb sich in rastlosem, eisernem Fleiß vorzügliche Zeugnisse, erhielt nach Absolvirung des dreijährigen Cursus ein ehrenvolles, längeres Commando nach Rußland und wurde dann, erst achteinhalb Jahre Offizier, unter Beförderung zum Hauptmann in den Generalstab versetzt. Da habe ich ihn in Berlin noch oft gesprochen, das Gesicht durch Narben schrecklich entstellt, das eine Auge nur halb geöffnet, der Mund verzerrt und doch ein schöner Mann mit der mächtigen, geistvollen Stirn, den klaren, tief blickenden Augen, immer liebenswürdig, voll herzlicher Theilnahme für Andere, aber doch trotz all seiner glänzenden Erfolge stets traurigen, fast schwermüthigen Wesens, wie in der Vorahnung seines künftigen tragischen Geschicks. Im Jahre 1884 wurde er als Generalstabs-Offizier in eine Garnison des Westens versetzt, bald darauf erfahre ich seine äußerst glückliche Verlobung mit einer inniggeliebten, ausgezeichneten jungen Dame und kaum 14 Tage später seinen Tod. In einem Anfall plötzlicher geistiger Umnachtung, hervorgerufen durch seine schweren Verwundungen am Kopf, hatte er sich selbst den Tod gegeben. Ein spätes, edles Opfer des thränenreichen Krieges. Sein Andenken wird sicher unvergessen sein. — — — — —

Auf dem Ritt nach Spackbach hinunter fanden wir noch einen andern jungen, durch zwei Schüsse in den Unterleib schwerverwundeten Offizier des Regiments auf freiem Felde liegen, den Lieutenant v. Bieberstein. Er ist zwei Tage später seiner qualvollen Verwundung erlegen.

Im Biwak empfing mich mein guter Hauptmann v. G. mit sehr bärbeißigem Gesicht und drohte mit schrecklicher Stimme, mich „an den Baum binden zu lassen“; ich glaube aber, daß meine kindliche Freude, wieder bei ihm und bei der Compagnie zu sein, seinen wohl überhaupt nicht ernst gemeinten und auch unverdienten Zorn mäßigte.

Premier-Lieutenant B. war inzwischen mit seinem Detachement zum Regiment gestoßen, und die Verluste durch die Schlacht ließen sich nun, nachdem im Laufe des Vormittags fast alle Versprengten sich wieder zurückgefunden, am frühen Nachmittag bei Abfassung der Gefechtsberichte annähernd feststellen. Das Regiment hatte 340 Mann an Todten und Verwundeten, darunter 22 Offiziere.

Der weitere Verlauf des Nachmittags rief uns zu der Feier der Bestattung unserer Todten. Auf dem Kirchhofe zu Spackbach und westlich des Ortes am rechten Sauerufer sind die beiden größten Gräber des Regiments. In langen Reihen wurden die Todten nebeneinander und übereinander gebettet, ein Offizier sprach ein kurzes Gebet, die Regimentsmusik blies das jetzt doppelt ergreifende Lied: „Wie sie so sanft ruhen, alle die Seligen!" und bald bezeichnete ein aus rohen Brettern gefertigtes ungefügiges Kreuz die Ruhestätte der braven Krieger, die durch ihren Heldentod dem Vaterlande diese altdeutschen Gauen und sich selbst ihr Grab in deutscher Erde erkämpften.

Scharf sind die Gegensätze, die fortwährnd im Kriege in krasser Weise sich zeigen. Kaum sind die letzten Töne eines Trauermarsches am Begräbnißplatze eines Regiments verklungen, so beginnen wenige hundert Schritte weiter bei einem andern die munteren Weisen eines unserer herrlichen altpreußischen Armeemärsche. Jugendmuth und frische Lebenskraft fordern ihr Recht, und als gegen Abend mehrere Wagen mit Fässern eingepökelten Fleisches ins Biwak gebracht wurden, entfaltete sich bald die gewohnte rege Thätigkeit zur Befriedigung des Hungers.

In der Nacht haben wir von neuem reichlichen Regen, aber die französischen Zelte, die, stückweis um die Tornister geschnallt, die Rückenlast für ein deutsches Auge ins Formlose vergrößerten, hatten doch schon zahlreiche Liebhaber gefunden und die langen Zeltreihen, die unserm Biwak ein ungewohntes Aussehen verliehen, gaben den Mannschaften reichlichen Schutz.

Der sonnenhelle Morgen des 8. August bringt uns zur allseitigen Freude den Befehl zum Vormarsch und damit zum Verlassen des Schlachtfeldes, das mit seinen Verwüstungen noch immer den Geist niederdrückt und die Seele lähmt. Schon liegt der Hauch der Verwesung über den Feldern, und vorwärts eilt der Blick den in duftiger Ferne auftauchenden Vogesen zu.

Der gestrige Ruhetag auf dem Schlachtfelde war dazu benutzt worden, die Lücken zu schließen, welche der 6. August in unsere Reihen gerissen. Die Führung des Regiments hatte der älteste Stabsoffizier übernommen, und Premier-Lieutenants traten an die Spitze von fünf führerlos gewordenen Compagnieen. Ausrüstung und Bewaffnung waren revidirt worden, und zur Ergänzung der fehlenden oder schadhaft gewordenen Stücke hatte man das Schlachtfeld mit seinen wild zerstreuten Vorräthen durchsucht. Die während der Schlacht vom Regiment verschossenen 43 000 Patronen wurden aus den Vorräthen der Patronenwagen ergänzt, und ausgerüstet wie am Tage des Ausmarsches, sah das Regiment, zwar an Zahl geringer, aber siegesgewiß und schlachterprobt den kommenden Tagen entgegen.

Der heutige Marsch brachte uns nach wenigen Stunden nach dem Dorfe Ueberach, in welchem das Regiment Alarmquartiere bezog. Zwar erhielt jede Compagnie nur ungefähr drei Häuser, aber die Biwaks der sieben letzten Nächte hatten die Ansprüche sehr gemindert, machten das beschränkteste Unterkommen hoch willkommen, und mit Benutzung von Ställen und Scheunen, mit Belegung jeden

Winkels, vom Boden bis zum Keller hinab, gelang das fast Unmögliche.

Am 9. August bezogen wir in der Avantgarde Biwak bei Hattmatt und am 10. wurde die Richtung auf Zabern genommen. Der nächtliche Regen war von den vorzüglichen französischen Straßen fast spurlos abgelaufen, und bald war das am Fuße der den Abhang bedeckenden herrlichen Hochwaldungen gelegene Städtchen erreicht. Im hellen Morgensonnenschein leuchteten die Fenster des Schlosses blitzend zu uns herüber, die wir die in vielen Schlangenwindungen auf den Kamm des Gebirges führende Chaussee hinaufmarschirten. Ein erfolgreicher Widerstand wäre hier mit wenigen Truppen möglich gewesen und das Freigeben dieses Gebirgspasses seitens der Franzosen brachte uns die Größe der Erfolge der Schlacht von Wörth zum klaren Bewußtsein. Noch einmal schweifte der Blick rückwärts über die im Sonnenlichte erglänzende Rheinebene der fernen Heimath zu und heller Siegesjubel hob die Herzen.

Gegen Mittag hatten wir die Höhe des Gebirges erreicht, hier aber sperrte den weiteren Vormarsch die kleine Festung Pfalzburg, die der Aufforderung zur Uebergabe eine energische Weigerung entgegensetzte. Von etwa 90 Geschützen unserer Feld-Artillerie wurden im Laufe des Nachmittags etwa 1000 Granaten nach der Festung hinübergeworfen, bis strömender Regen und einbrechende Dunkelheit weitere Beobachtung unmöglich machten, und so mußten wir auf der Höhe des Gebirges bei dem Dorfe Quatrevents Biwak beziehen.

Das Dörfchen rechtfertigte seinen Namen, denn in der Nacht fuhr der Sturm aus allen vier Himmelsrichtungen über uns hin, warf die aus Zweigen aufgebauten Hütten zusammen und half dem schon sein Möglichstes thuenden

Regen den letzten Rest von Wärme aus dem Körper zu vertreiben.

Während unsere armen Füsiliere am nächsten Morgen vor dem Abmarsch ihre Tornister mit den Füßen aus dem von Nässe durchsetzten Lehmboden scharrten, war mir Fortuna besonders hold gewesen. Ich hatte in unserem bei Wörth erbeuteten französischen Zelt am Abend als schlechtesten Platz den in der Mitte angewiesen erhalten. Während aber die von der Nässe beschwerten vom Sturmwind gepeitschten Zeltwände auf die an den Seiten liegenden Herren schlugen und ihnen den Schlaf raubten, hatte ich ungestörter Ruhe mich erfreut, und wie im Biwak bei Winden zog mich Lieutenant v. L. zehn Minuten vor dem Abmarsch am Fuße aus dem Zelt und verrieth mir, daß der Kaffee schon fertig sei.

VII.

Der Rechtsabmarsch nach Sedan.

Auf Seitenwegen marschirten wir am 11. August in respectvoller Entfernung um Pfalzburg herum, Morgens früh durch das Zinzelthal, dessen Naturschönheiten der noch andauernde Regen verschleierte, den westlichen Abhang der Vogesen hinunter, gelangten am frühen Nachmittage nach Fleisheim und hatten somit die Päſſe des Gebirges und damit die Festung im Rücken. Während die elsässischen Dörfer fast durchgehends ein Bild behäbigen Wohlstandes geboten hatten, zeigten sich hier auf dem Plateau von Lothringen die Ortschaften armselig und unfreundlich. Zum ersten Male sah ich mich genöthigt, mit dem Quartierwirth französisch zu sprechen, und bis die erste Schüchternheit überwunden war, blieb die Conversation höchst dürftig. Da wir von nun an täglich Quartier bezogen, bildete sich bei uns die bei allen übrigen Compagnieen ebenfalls zur Regel werdende Gewohnheit aus, daß alle fünf Offiziere jedesmal dasselbe Haus bezogen. Zwar wurde uns dadurch manche Bequemlichkeit geraubt, und namentlich wir Jüngeren bekamen durch dieses Arrangement nie Betten, sondern mußten stets mit einer Strohschütte auf der Diele fürlieb nehmen, aber dafür genossen wir den Vortheil behaglichen Zusammenlebens, das im Laufe der Zeit immer herzlicher und familiärer sich gestaltete, und außerdem ließ sich die

Frage der Verpflegung bei gemeinsamer Tafel leichter und befriedigender lösen.

Während Hauptmann v. G. erklärte, er werde kein Wort französisch sprechen, denn die Franzosen würden bei uns auch nicht deutsch geredet haben, mußte ich wohl oder übel als Küchenchef die Gedächtnißkammern nach den dürftigen Gymnasialvorräthen durchstöbern, denn Lieutenant v. L. wollte mir nicht helfen; erst Abends ging er regelmäßig in die Küche, um am Kaminfeuer mit Bauer und Bäuerin sein „Schwätzchen" zu machen.

Hier in der ersten französischen Ortschaft war ich gegen Abend Zeuge einer Scene, die ein grelles Licht auf den eigenthümlichen, vom deutschen so grundverschiedenen Charakter der Franzosen warf. Ich bummelte, nachdem wir zu Mittag gegessen und uns vom Marsch erholt, die kurze Pfeife im Munde, an der Seite meines Hauptmannes die Dorfstraße hinunter, und wir gelangten schließlich an das Haus eines kleinen Krämers, aus dessen mit dem Eingang nach der Straße gelegenem Keller der Zahlmeister unseres Bataillons soeben ein Faß Schnaps heraufholen ließ. Ich muß hier einschalten, daß im Kriege Requisitionen von Lebensmitteln auf höheren Befehl gegen Ausstellung von Scheinen geschehen, die der betreffenden Ortsbehörde ausgehändigt werden. Ein Ersatz des Entnommenen hat nach Beendigung des Krieges in den in deutschen Besitz übergegangenen Ortschaften in reichlichster Weise aus den Mitteln der 5 Milliarden stattgefunden. Der Krämer, ein gut gewachsener, kräftiger Mann von etwa 26 Jahren, stand mit blauem Kittel und Zipfelmütze dabei, seine junge Frau mit einem Kindchen auf dem Arm daneben. Da das Faß schwer herauf zu bringen war, blieben auch Hauptmann v. G. und ich stehen und sahen zu. Der Franzose, der bisher nicht die geringste Erregung gezeigt hatte, fing, als er sich von uns beobachtet sah, plötzlich an, die Augen zu rollen, dann zu gesticuliren, zu murmeln, um schließlich in einen wahren Paroxismus zu verfallen. Er riß seiner Frau das Kind vom Arm und schleuderte es auf die Erde, stieß die Frau hart bei Seite, warf seine blaue Blouse zur Erde, riß das Hemd in Fetzen, entblößte die Brust, stellte sich an die Wand seines Hauses und schrie: „Tirez sur moi, la France me vengera!“

Während unsere gutmüthigen Füsiliere zweifelnd mit ihrer Arbeit inne hielten, und ich, vor Mitleid und Erregung zitternd, meinen guten Capitän bat, er solle doch dem Manne das Faß lassen, wälzte Hauptmann v. G. höchst gelassen seine Cigarre aus einer Mundecke in die andere, stand dick und behäbig und gemüthlich da, beobachtete aber trotzdem, wie ich wohl bemerkte, scharf das Gebahren des Franzosen. Als dieser nun immer toller tobte und seine Phrase fortgesetzt wiederholte, wandte sich schließlich Hauptmann v. G. an die zum Schutz des Zahlmeisters commandirten Begleitmannschaften, die mit Gewehr bei Fuß in der Nähe standen und sagte: „Nun thut mal so, Ihr Kerls, als hättet Ihr Stopfflinten und fummelt mal mit dem Entladestock so oben rein, als wolltet Ihr laden!“ Während der Ausführung dieses Befehls dämpfte sich die Ekstase des Krämers bereits merklich, während sein Weib hell aufkreischte und wild gesticulirte. Als aber sich unsere Leute zum Schein in Positur stellten, als sollte nun das soviel begehrte Erschießen losgehen, wurde der Franzose augenscheinlich bedenklich, und wie nun Hauptmann v. G. recht behäbig mit etwas schlürfendem Schritt auf ihn zu trat, ihn an der Schulter faßte und in seiner ruhigen Art, aber recht bestimmt ihm sagte: „Na, er alter Schauspieler, nun ziehe er sich seine Jacke an, und mache er, daß er fortkommt," da hob er, durch die begleitenden Gesten augenscheinlich die Worte verstehend, seinen Kittel ganz sorglich von der Erde auf, gab seiner Frau galant den Arm und verschwand unter allgemeinem Gelächter im Hause.

Ich habe einige Tage später noch eine ähnliche Scene erlebt, bei welcher allerdings weniger die Eitelkeit, dafür aber ebenso wie hier der außerordentlich schnelle Umschwung der Gefühle in auffallender Weise zu Tage trat. Es war in Goussaincourt, schon jenseits der Maas, und wir lagen bei einem reichen Bauer, der seine 4 Pferde und 6 Kühe im Stalle hatte, in Quartier. Mit unsern Wirthsleuten hatte sich, wie bisher in jedem Cantonnement, nach wenigen Stunden ein sehr freundliches Verhältniß gebildet, und wir saßen eben mit der Familie, zu der auch ein hübsches, siebzehnjähriges Töchterlein gehörte, beim Kaffee, als plötzlich der unglückliche Zahlmeister auf dem Hofe erschien, um auf Befehl des Bataillons-Commandeurs eine Kuh zu requiriren. Eine ähnliche Scene wilder Aufregung wie in Fleisheim; die Tochter geberdet sich wie unsinnig, umhalst weinend die Kuh und küßt sie leidenschaftlich, fortgesetzt: „Oh ma belle, oh ma pauvre aimée" schreiend, dann wieder stürzt sie auf uns zu, sprudelt ein Sturzbad von Vorwürfen und Verwünschungen aus und scheint nicht übel Lust zu einer Attacke auf meinen damals noch dichten Haarwuchs zu haben.

Während wir rathlos dastehen, hat sich unsere Regimentsmusik vor dem Hause postirt, um uns Offizieren ein Ständchen zu bringen, und als plötzlich ganz unvermuthet ein Walzer beginnt, nimmt Lieutenant v. L. rasch das Mädchen in den Arm, die Thränen sind verschwunden und mit strahlendem Lächeln schwingt sich die kleine Furie von vorhin im Hofe herum, während die Eltern zufrieden schmunzelnd zuschauen. Inzwischen verschwindet der Zahlmeister mit der Kuh, und unser Einvernehmen bleibt bis zum Abmarsch am nächsten Morgen das allerbeste.

Kehren wir jedoch nach unserem Cantonnement Fleisheim zurück, um zu sehen, wie unser weiterer Vormarsch sich gestaltete.

Am 12., 13. und 14. August hatten wir verhältnißmäßig kleine Märsche, der letzte der drei Tage wurde aber dadurch ein ziemlich anstrengender, daß wir von Morgens 7 bis Nachmittags 3 Uhr auf dem Bahnkörper entlang marschirten, was bei der nicht gerade in Schrittweite angebrachten Lage der Schwellen sehr ermüdend wirkte. Der geschlossene Einmarsch der Division in Luneville, der ersten größeren Stadt, mit Musik und Spielleuten an der Tête, fand aber doch in gewohnter straffer Haltung statt, um so mehr, da beim Einrücken das scharfe Auge unseres Divisions-Commandeurs uns musterte.

Die Haltung der Einwohner war eine durchaus friedliche; die betäubenden Schläge der letzten Tage zitterten noch in ihrer Nachwirkung fort und mit Erstaunen sah man mit dem ängstlich erwarteten Feinde Disciplin und musterhafte Ordnung einziehen, während die eigene Armee vor wenigen Tagen das Bild gänzlicher Auflösung geboten hatte.

Der 15. August sah uns im Vormarsch gegen die Mosel. Es war Napoleonstag und Glockengeläute tönte in allen Dörfern, durch die jetzt mit Gesang und Trommelschlag preußische Bataillone zogen. Die weißen Festanzüge stimmten schlecht zu den ernsten Mienen der Bewohner.

Gegen Mittag wurde die Mosel auf einer schnell geschlagenen Pontonbrücke passirt, und gegen 3 Uhr Nachmittags erreichten wir das Cantonnement Neufviller, das sowohl den Offizieren wie den Mannschaften gute Quartiere bot. Auf dem Schlosse bei Monsieur de Malcourant speisten sämmtliche Offiziere zu Mittag, und trotzdem der Herr des Hauses mit französischer Gewandtheit den Wirth machte, blieb uns seine wahre Gesinnung so wenig verborgen, daß er bald in Monsieur de Mécontant umgetauft wurde.

Der 16. August brachte uns den ersten Ruhetag in Feindesland. Freilich hat solch „Ruhetag" militärisch seine eigene Bedeutung, denn er bringt den Compagnieen reichliche Arbeit im inneren Dienst, um durch genaue Controle und Ausbesserung des Einzelnen die Schlagfertigkeit des Ganzen zu sichern. Namentlich wurde das Schuhwerk, das durch die anstrengenden Märsche und den fortgesetzten Regen stark gelitten hatte, der Flickarbeit und genauesten Revision unterzogen, eingedenk der Regel, daß in der Marschfähigkeit der Infanterie ein großer Theil des Erfolges liege. Klopfend und bürstend und putzend und mit ungeschickten Fingern nähend standen und saßen die Füsiliere vor den Thüren der Bauernhäuser oder umlagerten den kleinen Krämerladen des Dorfes, in welchem Nähzeug und Knöpfe und dergl. zu kaufen waren.

Im Laufe des Tages trat ich, um mir Briefpapier zu holen, in den kleinen niedrigen und dunklen Laden, an dessen Verkaufstisch ein Dutzend Soldaten sich drängten und stießen. Ich blieb absichtlich im Hintergrunde stehen, um unbemerkt zu beobachten, in welcher Weise unsere Leute sich mit den Franzosen verständigten.

Hinter dem Ladentisch eine bewegliche, fortgesetzt schwatzende Französin, die klugen schwarzen Augen überall. „Madamchen, jetzt komm ich dran," beginnt langsam und wichtig ein Füsilier. „Nu geben Sie mich mal — jedes Wort langsam und ernst betonend — vor zwei Kreuzer Zwirn!" „Oh, monsieur, nix comprend pas, je ne sais, que vous voulez!" — „Madamchen — sehr eindringlich — Zwirn will ich haben!" in einem Tone als dächte er: das mußt du doch verstehen! Erneute Lamentation der Französin, und schließlich Verständigung durch Pantomimen zu allseitiger Zufriedenheit.

Ebenso wichtig wie die Instandsetzung der Kleidung und Armatur fand die Regelung der Verpflegung sorgfältige Berücksichtigung.

Mit dem weiteren Vormarsch wurde der Nachschub der gelieferten Lebensmittel immer schwieriger, und namentlich machte sich seit einigen Tagen Brotmangel fühlbar. Da sich in Neufviller große Vorräthe von Mehl fanden, und es auch an Oefen nicht fehlte, wurden die Bäcker des Bataillons während der Nacht zur Arbeit angestellt, und am nächsten Morgen das noch heiße Brot nebst den Bäckern auf requirirten Wagen mitgeführt. Das schnell bewährte Verfahren blieb längere Zeit in Gebrauch.

Bis zum 25. August hatten wir verhältnißmäßig kleine Märsche. Unsere Armee war in breiter Front im Vormarsch auf Châlons sur Marne begriffen, und wir lagen an letztgenanntem Tage in der Nähe der Festung Vitry in Hauteville in Quartier. Da für den nächsten Tag ein nicht zu frühzeitiges Ausrücken in Aussicht stand, blieben wir in unserer Bauernstube bis gegen Mitternacht bei dem guten rothen Landwein sitzen und waren schließlich in so vergnügter Stimmung, daß unser ehrwürdiges Familienoberhaupt, nachdem wir zur Ruhe gegangen, von seinem Bette aus verschiedene eindringliche Mahnungen nach unserer Strohschütte ergehen lassen mußte, wo noch immer der Becher kreiste. Wären wir ein bischen vernünftiger gewesen, so hätten wir uns gesagt, daß das lange Ausbleiben unseres Feldwebels, der schon seit Stunden zum Befehlempfang vergeblich auf den zum Divisionsstabs-Quartier befohlenen Adjutanten wartete, Besonderes zu bedeuten haben müsse. So aber genossen wir in gewohnter Sorglosigkeit den Augenblick, sehr zu unserm baldigen Schaden, denn gegen 2 Uhr Nachts trommelte eine Ordonnanz höchst energisch gegen die Fensterladen und erfreute uns auf unser liebevolles Befragen, was er wünsche, mit der Nachricht, daß um 3 Uhr zum Abmarsch angetreten werde.

Im großen Hauptquartier Sr. Majestät war der Entschluß gefaßt worden, unsere, die III. Armee, jene berühmte Schwenkung nach Norden vornehmen zu lassen, die schließlich durch die Katastrophe von Sedan für die Franzosen so verhängnißvoll werden sollte. Es kamen nun für uns fünf schwere Tage angestrengtester Gewaltmärsche. Als wir am Morgen des 26. August bei kaum dämmerndem Tage am bestimmten Dorfausgang zum Abmarsch uns sammelten, fanden wir dort schon eine Anzahl zweirädiger Karren, mit mächtigen Percheronhengsten bespannt, vor, die dazu bestimmt waren, das Gepäck unserer Mannschaften zu befördern. Der sogenannte eiserne Bestand, die dreitägige Ration an Reis, Kaffee, Brot und Salz kam in den Kochkessel, ebenso die 40 Patronen des Tornisters, der Kessel wurde an den Mantel geschnallt, die Bajonnette abgenommen und am Seitengewehr festgebunden, das Gewehr lang am Riemen getragen, und nachdem auf diese Weise alle möglichen Erleichterungen den Mannschaften gewährt, fingen wir an zu marschiren, als gäbe es kein Aufhören mehr. Bis Mittags ging es mit einer Unterbrechung von nur 5 Minuten vorwärts; von 12 bis 1 Uhr wurde an der Straße auf freiem Felde abgekocht, und dann marschirten wir weiter bis 5 Uhr, 6 Uhr, den 28. August sogar bis Abends $8^3/_4$ Uhr. Der letztgenannte Tag wurde dadurch noch zu einem ganz besonders anstrengenden, daß er uns auf Bergstraßen durch den Argonner Wald führte. Stunden lang bin ich, mit der rechten Hand den Steigbügel des Pferdes unseres gutherzigen Stabsarztes umklammernd, maschirt, ohne irgend einen Gedanken zu haben. Mit dickem, weißgrauem Staub bedeckt, den Körper schweißüberströmt, marschirten wir vorwärts, lautlos, stumpfsinnig, ohne einen Blick rechts oder links zu werfen. So unglaublich es klingt — mancher meiner Kameraden kann es mir bezeugen —, wir haben gehend fast geschlafen. Denn in den letzten Tagesstunden nahmen wir abwechselnd einander in die Mitte und führten uns gegenseitig, und müde sank der Kopf auf die Brust, bis wir mit plötzlichem Aufschrecken bemerkten, daß wir die letzten Augenblicke ohne rechtes Bewußtsein gewesen. Nicht Jedem mag es so schwer geworden sein, wie mir, dem kaum 18jährigen, und mancher unserer braven Offiziere hat Stunden lang ermatteten Soldaten trotz eigener großer Müdigkeit das Gewehr getragen und durch sein gutes Beispiel die gesunkene moralische Kraft der Erschlafften neu belebt, aber müde, todtmüde, waren doch alle, Offiziere wie Mannschaften, wenn wir endlich, endlich am Abend das langersehnte Quartier erreichten, das, bis zur letzten Scheune dicht belegt, die immer engere Concentration unserer Armee und damit das Herannahen einer neuen Schlacht bekundete.

VIII.

Der Morgen der Schlacht von Sedan.

Der Vormarsch unserer III. Armee führte uns am 30. August durch Bouzier, und stündlich mehrten sich nunmehr die Anzeichen, die einem Zusammenstoße mit dem Feinde vorauszugehen pflegen. Die Cavallerie-Division des Prinzen Albrecht zog im Trabe an uns vorüber und wurde mit kräftigem Hurrah begrüßt; bald waren die prächtigen Reiter-Regimenter vorwärts im wirbelnden Staube verschwunden. Gegen Mittag sahen wir an der Chaussee, auf der wir marschirten, zwei todte französische Bauern im blauen Kittel liegen; es waren wohl Freischützen oder Spione, die hier ihr Schicksal ereilt hatte. Daß solche hier ihr Unwesen trieben, hatten wir auf unserm gestrigen Marsche zum ersten Male erfahren, denn eine an uns vorbeimarschirende Batterie führte, mit Stricken an die Vorrathswagen gebunden, mehrere französische Blousenmänner mit sich, die, das Haupt zur Erde geneigt, düsteren Blicks einherschritten.

Das 88. Regiment gehörte am 30. August zur Avantgarde des 11. Armeecorps, und im Laufe des Nachmittags ritt während unseres Vormarsches auf kurze Zeit der seit der schweren Verwundung des Generals v. Bose in der Schlacht von Wörth mit der Führung unseres Armeecorps beauftragte General-Lieutenant v. Gersdorff mit seiner großen Suite von Generalstabs-, Ordonnanzoffizieren und

Adjutanten an der Queue unseres Bataillons. Fortgesetzt kamen querfeldein von rechts und links schriftliche und mündliche Meldungen durch Offiziere und Ordonnanzen, und ich, der ich die 12. Compagnie schloß, konnte, da der General hinter mir ritt, hören, wie er durch diese Meldungen über die an diesem Tage stattfindende Schlacht bei Beaumont, deren Kanonendonner schon seit mehreren Stunden zu uns herüberdrang, im Laufenden erhalten wurde.

„Auf wie viel Tage hat Ihr Bataillon noch eisernen Bestand an Lebensmitteln, Fähnrich?“ — rief mich plötzlich der General an. Ich gab die gewünschte Auskunft, und, wohl durch mein sehr jugendliches Aussehen veranlaßt, fragte der General dann weiter in freundlicher Weise nach meinem Namen, nach Lebensalter und Dienstzeit. Eine wehmüthige Erinnerung für mich, denn zwei Tage später in der Schlacht von Sedan erhielt der wackere Herr im Bois de la Garenne eine tödtliche Verwundung, die unserem Armee-Corps den zweiten tapferen Führer in diesem Feldzuge raubte.

Gegen Abend machten wir nach anstrengendem Marsche bei dem Dorfe Oches einen längeren Halt, und nachdem die Mannschaften durch Wasser erfrischt waren, marschirten wir von neuem, jetzt in Gefechts-Formation, querfeldein vor, bis wir Abends 9 Uhr sehr ermüdet die erst vor wenigen Stunden von den Franzosen geräumte starke Stellung bei Stonne erreichten. Eine zurückgelassene Hammelheerde verrieth den eiligen Aufbruch des Feindes und war uns eben so willkommen, wie das nun von uns in Besitz genommene, bereits vorbereitete Lager. In dem nahen Buschwerk wurden noch einzelne feindliche Nachzügler gefangen genommen, schwächliche Leute, die erst seit 4 Wochen in der Uniform steckten. Sie erzählten, der Kaiser Napoleon sei bis 5 Uhr selbst in Stonne gewesen und dann mit den Truppen nördlich abgezogen. Da von Osten her noch immer heftiges Gewehrfeuer aus den schon in nächtliches Dunkel gehüllten Waldungen herübertönte, blieben wir die Nacht über gefechtsbereit.

Der 31. August brachte unserem Bataillon einen Specialauftrag. Nachdem wir über Chemery nach den Höhen von Cheveuges vormarschirt waren, von wo aus unsere Cavallerie ihre Patrouillen bis an die Maas und die Wälle von Sedan vorgetrieben hatte, richtete sich das Bataillon auf den Höhen südlich von Donchery im Biwak ein; die 10. Compagnie wurde nach letztgenanntem Ort, also über die Maas, zur Bewachung der Brücke vorgeschoben.

Ein herrliches Panorama öffnete sich vor unseren Blicken. Unser langgedehnter, steiler, westlich von uns bewaldeter Abhang fiel nach Norden zu zum Maasthal ab. In langgezogenem, im Sonnenlichte funkelnden Bande zog sich der vielgewundene Strom im weiten Halbkreis durch das grüne Thal; rechts unten sahen wir die Festung Sedan mit ihren grün bewachsenen Wällen; dahinter bewaldete Höhen. Von der Stadt aus führte vor unserer Front entlang eine mit Pyramidenpappeln bepflanzte breite Chaussee nach dem halb links vor uns gelegenen Donchery. Unten im Flußthale schlagen die Baiern in respectvoller Entfernung von den Kanonen der Festung zwei Pontonbrücken über die Maas; jenseits der Stadt Sedan, zwischen dieser und der ösenförmigen Maasbiegung, auf den Höhen bei Illy und Floing, glauben unsere Offiziere mit guten Fernrohren feindliche Zeltlager zu entdecken.

In Donchery scheint es der 10. Compagnie recht gut zu gehen, denn die Herren schicken uns von dort einen Korb Sect herauf, den wir uns mit den Offizieren der

14. Husaren, die neben uns biwakiren, schmecken lassen, und während der Becher kreist und im bunten Durcheinander alles auf Feldstühlen oder Stroh herumsitzt und liegt, wird mit lebhaftem Eifer die strategische und taktische Lage des Augenblicks erörtert. Bis zu dem Frontoffizier dringt im Kriege nicht die Nachricht von dem, was vor sich geht oder gehen soll; der Combination bleibt also weiter Spielraum. Die tausendzüngige Fama bringt daher auch täglich neue Gerüchte. Seit Wörth sind wir damit überschwemmt und meistens irrthümlich berichtet gewesen, aber von unserer dominirenden Stellung am heutigen Tage aus wird uns die Situation so ziemlich klar; wenn die Franzosen nicht noch heute auf Mezières abmarschiren, muß der morgige Tag ihnen verhängnißvoll werden. Heute wäre vielleicht noch ein Entkommen möglich, denn heute rückt unsere, die III. Armee, erst in sich auf; sie kann also erst morgen bei Donchery die Maas überschreiten, um den Franzosen den Marsch auf Mezières zu verlegen; morgen aber werden wir, das hoffen wir zuversichtlich, die Früchte unserer in hohem Maße anstrengenden Gewaltmärsche ernten.

Während wir am Tage vor der Schlacht von Wörth keine Ahnung von dem uns bevorstehenden Kampfe gehabt hatten, ist heute niemand im Zweifel, daß wir morgen eine heiße Schlacht haben werden. Aber die freudige und feste Siegeszuversicht, die aller Herzen bis zum letzten Mann hinunter beseelt, läßt uns die sonst wohl sich geltend machende menschliche Empfindung der Sorge um das eigene leibliche Wohl vergessen, und mit Ernst, aber doch in gehobener Stimmung, erwarten wir den kommenden Tag.

Erst aber soll uns unsere Vermuthung bezüglich des feindlichen Lagers noch zur Gewißheit werden, denn während wir bei einbrechender Nacht trotz ziemlicher Kälte kein Biwakfeuer anzünden dürfen, um nicht dem Feinde unsere Anwesenheit zu verrathen, erglänzt drüben in weiter Ferne in breit ausgedehnter Fläche der rothe Schein der französischen Lagerfeuer. Mit besonders guten Ferngläsern sind einzelne vor den Feuern entlang huschende Gestalten erkennbar, und eine eigenthümliche Empfindung gewährt mir das Bewußtsein, daß dieser Feind, von uns umgarnt, umstrickt, belauert wie das Wild vom Löwen, dort ahnungslos der ihm drohenden, von uns drohenden, furchtbaren Gefahr sich bald zur nächtlichen Ruhe niederlegen wird, um morgen im verzweifelten Kampfe uns entgegenzustehen.

Mit ziemlich leerem Magen und fröstelnd krieche ich mit beginnender Nacht in unser französisches Zelt, das wir seit Wörth auf dem Compagnie-Wagen mit uns führen; es soll mir jedoch nur ein kurzer Schlaf vergönnt sein. Denn während schon in den ersten Stunden der Nacht kleine Patrouillen-Gefechte die Feldwachen mehrere Male unter die Gewehre gerufen hatten, alarmirte um 2 Uhr Nachts eine starke, aus nordöstlicher Richtung hörbare Detonation unser Bataillon. Alles ist aus den Zelten gesprungen, die Mannschaften sind unwillkürlich zu den Gewehr-Pyramiden geeilt, unbeweglich, schweigend und emsig lauschend steht alles da in finsterer Nacht. Nur schwaches Gewehrfeuer ist noch zu hören, bald verstummt auch dieses. Die östlich Donchery über die Maas führende Eisenbahnbrücke war von unseren Pionieren gesprengt worden.

Die Abspannung in Folge der anstrengenden Gewaltmärsche der letzten Tage ist noch groß, und müde werfen sich Offiziere wie Mannschaften wieder zur Erde nieder; doch nur eine kurze Ruhe ist uns noch gestattet, denn gegen 3 Uhr Morgens — es ist der 1. September — kommt der Befehl zum Aufbruch.

Derselbe war durch die in den Lagern nördlich Sedan beobachteten anhaltenden Bewegungen beschleunigt worden. Wagen-Colonnen schienen in nördlicher Richtung nach Givonne zu ziehen, gefolgt von geschlossenen Truppenmassen, die in der Nähe der Biwakfeuer deutlich zu erkennen waren. Dazu klang ein bestimmtes, oft gegebenes Signal herüber, das weit nach Norden hin, scheinbar antwortend, wiederholt wurde. Es hatte den Anschein, als wolle der Feind die nur $1^1/_2$ Meile entfernte belgische Grenze gewinnen. Später hat sich herausgestellt, daß jene Bewegungen der Franzosen die Besetzung der Höhen Floing-Illy eingeleitet hatten, vor denen die Schlacht des kommenden Morgens zwei Bataillone unseres Regiments im heißen Kampfe sah.

In tiefer Finsterniß, fröstelnd und ungefrühstückt kletterten wir bei dickem Nebel die Abhänge unserer Berghöhen hinunter und passirten dann auf einer steinernen, wenn ich mich recht entsinne, theilweise gesprengten und durch unsere Pioniere wieder zusammengeflickten Brücke in dem Städtchen Donchery die Maas, um jenseits derselben mit dem 1. und 2. Bataillon des Regiments uns zu vereinigen und bis zum Eintreffen der 82er, unseres Brigade-Regiments, in Rendezvous-Stellung die Gewehre zusammenzusetzen.

Es mochte Morgens 5 Uhr sein, der Tag war angebrochen, aber es herrschte noch dicker, schwerer Nebel, als von Osten, von Bazailles her dumpf die ersten Kanonenschüsse herübertönten. Es mußten die Baiern sein, die bei Bazailles, das sie im Laufe des Tages im harten Ringen dreimal nehmen sollten, den Angriff begonnen hatten.

Wohl ziemlich eine Stunde standen wir auf den Wiesen nördlich Donchery, bis die ganze 21. Division über die Maas debouchirt war und der Befehl zum Antreten kam.

Noch immer begünstigte dicker Nebel unseren Vormarsch,

der sonst vermuthlich stark von feindlichem Artilleriefeuer zu leiden gehabt hätte. Das Füsilier-Bataillon des 88. Regiments bildete heute das erste Avantgarde-Bataillon des 11. Armeecorps und, in Compagnie-Colonnen auseinandergezogen, betraten wir, nachdem wir an der ösenförmig gekrümmten Maasbiegung in nördlicher Richtung entlang marschirt waren, die südlich Briancourt liegenden Waldungen, erreichten bald die Straße Brigne-St. Menges und nahmen bei Bosseval auf den Höhen nördlich des Brigne-Baches eine beobachtende Stellung, während unsere glücklicheren Kameraden der beiden anderen Bataillone bald neue Lorbeeren ernten durften. Denn letztere, in zweiter Linie unserem Bataillone folgend, erreichte gegen 7 Uhr Morgens der Befehl, über Montimont die nördliche Maaskrümmung zu umgehen und dem bei Sedan hartnäckig Stand haltenden Feinde in den Rücken zu fallen. Ueber die Höhen von St. Menges wurden sie in der Richtung von Floing vorgeführt, um dort sofort in kräftigster Weise den Angriff zu beginnen. Unser Füsilier-Bataillon dagegen erreichte der Befehl über die veränderte Marschrichtung erst mehrere Stunden später, und als es, nun schnell gesammelt, am Engpaß von St. Albert eintraf, sah es denselben bereits durch die Colonnen des 5. Armee-Corps gefüllt und zum langen Warten sich gezwungen.

Wir sind an jenem Tage so viel in den Wäldern und nachher durch vielfach durchschnittenes Terrain marschirt, daß ich nicht mehr im Stande bin, den Punkt, auf dem wir den Vormarsch des 5. Armee-Corps abwarten mußten, genau anzugeben; wohl ist mir aber das Bild, das sich vor unsern Augen entrollte, noch erinnerlich. Der Zufall, der im Kriege eine so gewaltige Rolle spielt, wollte es, daß unser Bataillon, ähnlich wie in der Schlacht von Wörth, wieder lange Zeit einen großen Theil des Kampffeldes mit all seinen wechselvollen Momenten überschauen sollte, ehe wir selbst ins Feuer kamen.

Vor uns in weiter Ferne sehen wir halb rechts das ziemlich hoch gelegene Dorf Floing, um das ein hitziger Infanterie=Kampf tobt. Der Rand des Dorfes ist dicht in weißen Dampf gehüllt und scheint von französischer Infanterie kräftig vertheidigt zu werden. Dickere, schwärzliche Rauchwolken, die aus der Mitte des Dorfes emporsteigen, lassen vermuthen, daß es unserer Artillerie bereits gelungen ist, den Ort in Brand zu schießen. Links vom Dorfe, also östlich, fällt das Gelände anscheinend terrassenförmig nach Norden, also in der Richtung unseres Standortes, ziemlich steil ab. Von dort stößt feindliche Infanterie und später Cavallerie wiederholentlich vor, wird aber, besonders durch unser vorzügliches Artilleriefeuer, bald zur Umkehr veranlaßt.

Es ist nur ein etwas blasses Bild, das ich von der ganzen Situation habe, denn einerseits war die Entfernung zu groß, andererseits nahm die Ungeduld und der brennende Wunsch, selbst vorwärts zu kommen, uns alle so in Anspruch, daß unsere Aufmerksamkeit mehr den unseren Vormarsch aufhaltenden Colonnen des 5. Armee=Corps, als dem fernen Kampfe zugewendet blieb.

Endlich konnten wir — es mochte 1 Uhr sein — eine momentan entstehende Lücke in den Marschcolonnen der gelben Achselklappen benutzen, um durchzuschlüpfen, und in möglichst beschleunigtem Tempo strebten wir die Höhen östlich Floing hinan. Dieselben waren nach hartem Kampfe nun schon in preußischen Händen, und in fast unabsehbar langer Linie zog sich in östlicher Richtung in weitem Halbkreise auf dem Höhenrücken entlang die Aufstellung einer gewaltigen Artilleriemasse, der ganzen Corpsartillerie des 11., 5. und

Garde-Corps. Mit beispielsloser Bravour hatten die preußischen Batterieen, fast in den Infanterie-Schützenlinien stehend, das furchtbar vernichtende feindliche Chassepotfeuer ausgehalten und enorme Verluste erlitten. Die Batterie v. Ohnesorge, neben der uns höherer Befehl etwa eine Stunde lang Gewehr bei Fuß festhielt, hatte fast alle Pferde, auch die der ersten und zweiten Staffel liegen lassen, und der über unser Herankommen glückliche Batterie-Chef versicherte uns, er hätte seine Geschütze nicht mehr fortbringen können, wenn er attackirt worden wäre.

Vor uns ein nicht zu breites, aber ziemlich tief eingeschnittenes Thal, drüben eine im östlichen Theile dicht bewaldete Höhe. Von dieser her, aus dem Bois de la Garonne, versuchte immer wieder französische Infanterie vorzustoßen. Wir sahen die geschlossenen Bataillone aus dem Walde treten, sich einige hundert Schritte vorbewegen, dann aber schlagen die Granaten unserer Batterie dicht vor, dann in die geschlossenen Massen selbst ein. Dampf, Feuergarben, Erdklumpen, breite klaffende Lücken mitten in den Bataillonen und dann zum Walde zurückhastende dichte Haufen rother Hosen. Aber immer wieder von neuem brechen die Franzosen vor; die Bravour, mit der immer wieder Vorstöße versucht werden, verdient sicherlich auch beim Feinde rühmliche Anerkennung. Am Waldesrand sehen wir auf einem Schimmel einen Offizier auf- und abjagen, es mag ein höherer Befehlshaber oder auch ein Adjutant oder Ordonnanz-Offizier gewesen sein; bald nachdem er sich gezeigt, erfolgt jedesmal ein Hervorbrechen größerer feindlicher Infanteriemassen, und wir nehmen alle ein besonderes Interesse daran, daß dieser brave Offizier womöglich von unserer Artillerie nicht getroffen werde.

Sedan ist ein hervorragender Ehrentag unserer Artillerie. Sie hat an diesem Tage unserer Infanterie ihre Arbeit gewaltig erleichtert und durch vorzüglich präcises Feuer die feindliche Infanterie so erschüttert, daß mit weit geringeren Verlusten als bei Wörth die schließlich immer der Infanterie anheimfallende Entscheidung des Tages herbeigeführt werden konnte.

Von der Thätigkeit der feindlichen Artillerie war zu der Zeit, als wir neben unserer Corps-Artillerie standen, nicht mehr viel zu bemerken. In beträchtlicher Höhe sahen wir in der Luft kleine, plötzlich entstehende und ebenso schnell verschwindende, graue Dampfwölkchen sich entwickeln, denen jedesmal ein schwacher Knall folgte. Es waren Shrapnels, mit denen die französische Artillerie schoß. Die moralische Wirkung dieser Geschosse blieb äußerst gering, da sie viel zu hoch und beinahe gänzlich unschädlich für uns crepirten.

Es mochte 3 Uhr Nachmittags sein, und der Entscheidungskampf des Tages nahte, als endlich auch unser Bataillon zum thätigen Antheil an der Schlacht antreten durfte.

IX.

Die Schlacht bei Sedan.

Von der Höhe östlich Floing stieg unser Bataillon, ohne vom feindlichen Feuer belästigt zu werden, in den Grund bei Jlly hinunter und trat in dem Bois de la Garenne in den noch wogenden Kampf ein.

Der Widerstand, den wir hier fanden, war nur gering; das preußische Artilleriefeuer hatte die Kraft der französischen Infanterie bereits zu gewaltig erschüttert; die vielen Leichen und die wildzerrissenen Bäume aller Orten zeigten, wie massenhaft die Granaten hier eingeschlagen sein mußten.

Mit meinem als Schützenlinie aufgelösten Zuge brach ich durch das am Waldrand dicht gepflanzte Unterholz, und in besserer Ordnung wie bei Wörth gelang es mir, unter mäßigem Feuer stetig zu avanciren. Schrecklich zerstümmelte Leichen französischer Infanterie, Cavallerie und Artillerie lagen überall umher; hier ein Offizier, den eine volle Granate getroffen zu haben scheint, denn der halbe Unterleib ist ihm weggerissen und die edleren inneren Organe sind dem entsetzten Blicke sichtbar. Dort ist ein Protzkasten durch eine preußische Granate getroffen worden und explodirt, im wirren Knäuel liegen der umgestürzte Karren, die sechs Pferde mit wild verschlungenem Geschirr, die getödteten Fahrer darunter, wüst durcheinander. Dutzende ähnlicher Bilder streift das Auge im raschen, aufgeregten Vordringen und nimmt der Geist, durch schwere Pflicht hinlänglich in Anspruch genommen, nur flüchtig in sich auf.

Bald wird der Wald weniger dicht, in geschlossener Colonne, Schützen in den Intervallen, Tambour battant, geht das Bataillon vorwärts, und bei dem steten Zurückweichen des Feindes und dessen immer schwächer werdendem Feuer bleiben unsere Verluste geringe.

Endlich eine weite Waldblöße, dicht gedrängte Haufen französischer Infanterie, die bei unserem Heraustreten auf den freien Platz die Gewehre zur Erde werfen, beide Arme hoch empor heben und „pardon! pardon!“ schreien. Unser Feuer schweigt sofort, und schnell wird uns die überraschende Nachgiebigkeit so großer feindlicher Massen klar: Drüben am jenseitigen Rand, im Rücken der Franzosen, tauchen preußische Helmspitzen auf, es sind Garde-Füsiliere, mit denen vereint das Bataillon etwa 4000 Gefangene macht.

Das erste Bestreben bei der Gefangennahme ist das, die Franzosen baldmöglichst von ihren zur Erde geworfenen Gewehren zu entfernen; unsere Offiziere schreien den gänzlich Umringten in der Sprache ihres Landes Commandos zu, Bewegung kommt in die ungeordnete Masse und mit „rechts um“ wird der wirre Knäuel vorläufig ein Stück seitwärts in den Wald geführt. Die große Elasticität, mit welcher der Franzose sich in plötzlich ganz veränderte Situationen hineinzufinden vermag, tritt auch hier wieder in auffallendster Weise zu Tage.

Den Pantomimen unserer Füsiliere, die durch Gesten die Commandos ihrer Vorgesetzten zu unterstützen suchen, wird seitens der Franzosen unter lebhaftem Kopfnicken, Lächeln, „oui, oui“-Rufen, freundschaftlichem Auf-die-Schulter-klopfen unserer Leute Folge gegeben, bald sind die kurzen, braunen Buchsbaumpfeifchen mit dem kleingeschnittenen türkischen Tabak in Brand gesteckt, und beide Hände in die weiten Hosentaschen vergraben schreiten die Gefangenen mit der dem französischen troupier trotz des hochgethürmten Gepäcks eigenen Leichtigkeit munter plaudernd einher.

Unter schwachen Commandos beider betheiligter Regimenter bleiben die mit so geringen Opfern Gefangenen zurück, und mit schnell von neuem formirten Schützenlinien geht's weiter im Walde vorwärts. Nirgends jedoch noch irgend ein Widerstand des Gegners. Ueberall große Trupps Gefangener unter dem Commando von Mannschaften der Regimenter des 11., 4. und Garde-Corps, denn immer enger hat sich der Ring um den Feind geschlossen, und überall treffen wir daher jetzt mit preußischen Truppen zusammen. Kanonendonner hören wir nur noch vereinzelt — ich vermuthe von Bazailles her —, auch das Infanteriefeuer schweigt bei uns schon fast ganz; nur ein ganz kurzes Plackern dröhnt zeitweise durch den Wald, um schnell wieder zu schweigen.

Wir kommen im weiteren Avanciren im Walde an die brennende Ferme Querimont, sie ist mit verwundeten Franzosen vollgepfropft, die ängstlich um Hülfe schreien und jetzt schnell von unseren Leuten herausgetragen und im kühlen Waldesschatten gebettet werden.

Wieder vorwärts! Wir nähern uns mehr und mehr den Wällen der Festung, wie aber liegen jetzt überall die Chassepotgewehre zu Tausenden und aber Tausenden umher! Von feindlichen Truppen ist nichts mehr zu sehen, da tönt plötzlich überraschend durch den Wald, zuerst fern, dann näher und näher ein Signal, bald können wir's verstehen: „das Ganze Halt!" Unsere Hornisten nehmen es auf und weiter pflanzt es sich nach links in langgezogenen Tönen fort. Schnell ist das Bataillon gesammelt, rangirt. „Setzt die

Gewehre zusammen! — Hinlegen!“ ertönt das Commando. Auf grüner Wiesenfläche dicht hinter uns der Waldrand; in nicht sehr großer Ferne vor uns die tiefer wie unser Standpunkt gelegenen grünen Wälle der Festung Sedan.

Was ist geschehen? Ahnend empfindet ein Jeder, daß ein großer Erfolg unseren Waffen geworden; wie riesig derselbe, wie beispiellos in der Weltgeschichte, das freilich weiß nicht Einer von uns, die wir wohl vermuthen, daß der Feind ringsum eingeschlossen ist, bei der gewaltigen, meilenlangen Ausdehnung des Schlachtfeldes aber naturgemäß die Situation nicht klar überblicken können.

Wie Minuten dünken uns die Stunden des Kampfes, und voll Verwunderung sehen wir bald die Schatten der Buchen am Waldessaum sich länger und länger auf unserer Wiese abzeichnen, um dann, als die Sonne hinter dem Bois de la Garenne rothglühend untertaucht, ganz zu verschwinden. Trotz der wilden Bewegung der letzten Stunden kommt etwas von dem Zauber des stillen Waldfriedens über mich und legt sich beruhigend auf die tief bewegte Seele.

Eine Stunde wohl liegen wir alle still im Grase, selten fällt im Kreise der Offiziere ein Wort; der weniger feinfühlige Füsilier aber schnarcht zwischen den Gewehrpyramiden. Da plötzlich schrecken Commandos bei den benachbarten Bataillonen uns auf, und auch zu uns nun kommt Befehl: „Antreten, und im Thal von Floing Biwak beziehen!“

Der liebenswürdige Divisions-Adjutant, der uns die Ordre bringt, klärt uns im Fluge über die Lage des Augenblicks auf: „Es finden Unterhandlungen statt, die Franzosen sind ringsum eingeschlossen, ein Entweichen unmöglich, wenn sie bis morgen Mittag 12 Uhr nicht capitulirt haben, schießen wir die ganze Geschichte in Klump!“

Welch’ freudiges Gefühl durchbebt die Brust. Alle

Müdigkeit und Abspannung ist vergessen, und auf dem Marsche zum Biwakplatze wird nun aufs eifrigste über die morgigen Eventualitäten debattirt.

Wie schrecklich aber ist noch dieser Marsch. Der Wald liegt dicht gesät voll Todter und Verwundeter, die Nacht ist finster, und ohne im dichten Holz viel sehen zu können, hören wir nun das Stöhnen, Jammern, laute Schreien der Verwundeten, die bisher noch fast nirgends haben Hülfe finden können. Von Zeit zu Zeit stolpern wir an der Tête Marschirenden über etwas Weiches; es sind Todte, deren Mund keinen rechtzeitigen Warnungsruf mehr hören lassen kann. Welch' gewaltiges Elend birgt dieser Wald, welch' ungezählte Seufzer und heiße Bitten steigen aus ihm in dieser Nacht zum Himmel empor. Gewiß geschieht, was helfende Liebe thun kann, hat doch die Organisation der Verwundetenpflege bei uns Deutschen allseitig, und selbst beim Feinde Anerkennung gefunden. Aber schwieriger noch wie bei Wörth ist hier das Terrain für die Wagen der Sanitäts-Detachements, ausgedehnter das Schlachtfeld, und bis zu späterer Stunde wie dort hat heut' der Kampf gedauert.

Vom Walde aus geht's steil hinunter zum Thal von Floing. Auch hier auf dem holprigen Feldwege große Massen von Verwundeten. Wir überholen eine Batterie, die in der Marsch-Colonne am Wege hält. Müde lehnen die Kanoniere pulvergeschwärzt an den Rohren, die Mündungen starren noch nach unten, wie eben die Geschütze aufgeprotzt worden sind.

„Hurrah, Kanoniere!" — „Das habt Ihr gut gemacht heute!" — „Guten Abend, Couleur!" — tönt's aus den Reihen unserer dankbaren Füsiliere, die alle wohl wissen, was die Artillerie heute gethan, und freundlich wird von den Schwarzkragen der herzliche Gruß erwidert.

Endlich sind wir am bestimmten Biwakplatz. Finster ist die Nacht, und nur mühselig wird des drohenden Regens halber aus umherliegenden französischen Zeltstücken ein dürftiges Schutzdach errichtet. Körperliche Müdigkeit und geistige Abspannung machen den Hunger vergessen, und ohne abzukochen wirft sich alles zur wohlverdienten Ruhe nieder.

Die erste Compagnie unseres Regiments hatte noch die Leiche ihres heute gefallenen Chefs, des Hauptmanns v. Wedell, liebevoll innerhalb des Biwaks gebettet, und am nächsten Morgen begann mit ihrer Beerdigung auf dem Kirchhofe von Floing die Bestattung unserer Todten.

Ein aufgeregtes, unruhig hin- und herwogendes Leben zeigte im weiteren Verlaufe des Vormittags des 2. Septembers unser Lager. Allerwärts bildeten sich Gruppen, welche, wie in der Vorahnung der großen Ereignisse des heutigen Tages, die muthmaßlichen Erfolge der Schlacht besprachen aber selbst mit weitgehenden Hoffnungen nicht zur Höhe des wirklich erreichten Resultates gelangten. Als die Mittagsstunde naht, wächst die Aufregung, denn die Zweifel, ob die Unterhandlungen zum günstigen Resultate führen werden, müssen sich dann lösen. Es ist das Gerücht verbreitet — ich weiß nicht, ob mit Recht oder Unrecht —, die ganze Corps-Artillerie des 5. und 11. Corps sei schon aufgefahren und stehe unter Infanterie-Bedeckung auf den die Festung beherrschenden Höhen, und wenn bis 12 Uhr die Franzosen nicht capitulirt hätten, beginne auf die Minute die Beschießung der Stadt. Mit der Uhr in der Hand stehen unsere Offiziere zusammen.

„Jetzt ist es zwölf!“ — „Nein, es fehlen noch 3 Minuten!“ — „Ach, Ihre Uhr geht falsch!“ — „War das nicht ein Schuß?“ Endlich ist kein Zweifel mehr, die Zeit ist vorbei, der Feind muß nachgegeben haben. Welches mag aber das

Resultat der Unterhandlungen sein? Von Illy her ziehen lange Reihen Gefangener mit vielen Geschützen und Mitrailleusen an unserem Biwak vorüber; neugierig stehen unsere Mannschaften Kopf an Kopf gedrängt am Wegrand und beschauen die vielfach in munterer Laune vorbei marschirenden, in buntem Gemisch aus allen Waffengattungen zusammengewürfelten Trupps. Turko, Zuave, Chasseur à pied, Kürassier, Lancier, Chasseur d'Afrique, alle hatte dasselbe Schicksal ereilt. So mag es 3 Uhr Nachmittags geworden sein, als vom Biwak der 82er, von Floing her, brausendes Hurrah zu uns herübertönte, und wir von allen Lagerplätzen die Mannschaften in eiligem Laufe auf einen glänzenden Reitertrupp zustürzen sahen. Durch das lärmende Getöse der weit ausgedehnten Biwaks tönen die schmetternden Klänge der verschiedenen Regimentsmusiken, und mit Blitzesschnelle durcheilt auch schon der Ruf unsere Reihen: „Der König kommt! Der König bereitet das Schlachtfeld!"

Begeistert, hingerissen von jubelnder Siegesfreude, von glühendem Enthusiasmus und von Verehrung zu dem heißgeliebten Kriegsherrn, drängt alles nach dem Wege, auf dem der hohe Herr jetzt unsern Biwak im langsamen Schritte naht.

Von allen Seiten stürzen die Offiziere heran und bedecken die theure Hand, die sich freundlich und leutselig den schon mit dem eisernen Kreuze Geschmückten entgegenstreckt, mit Küssen. Das gütige, edle Antlitz, strahlend von Milde und Freundlichkeit, duldet unser edler König, sanft lächelnd, die aus tiefstem Herzen kommenden Huldigungen treuer Liebe, und aus dem Munde unseres obersten Kriegsherrn selbst erfahren wir jetzt staunend die Größe unserer Erfolge, die Gefangennahme des Kaisers Napoleon und seiner Armee, die Uebergabe der Festung Sedan. Und als Seine Majestät zum Schluß huldvolle Worte der Anerkennung dem Regimente zollt, da braust der Jubel unserer Truppen von neuem auf und hallt mächtig dem nach Illy weiter reitenden Sieger nach.

Ein ewig unvergeßlicher Moment! Unsere bärtigen Reservisten liegen sich in den Armen, und dicke Thränen laufen ihnen über die braunen Wangen in den dichten Bart. In sechs Wochen sind wir zu Haus bei Muttern, das ist der hoffnungsvolle Glaube, der aller Herzen beseelt, und ahnungsvoll geht's durch die Reihen der Offiziere: „Dort reitet Deutschlands neuer Kaiser!“

Unser Zeitalter mit seinem wie ein Bienenschwarm durcheinander wogenden Getreibe der Menschen wirkt zerstörend auf die Entwickelung origineller Charaktere; im unausgesetzten Verkehr reiben die Menschen die scharfen Kanten und Ecken an einander ab, und nur in Momenten höchsten Affectes bricht bei den meisten die Ursprünglichkeit der einzelnen Individualität — ein wahres Labsal für den Beobachter — kräftig durch. Die Scheu, anzustoßen, für anmaßend zu gelten, oder sich gar lächerlich zu machen und wie die tausend Bedenken heißen, kurzum die jämmerliche Menschenfurcht, die schließlich hinter alle dem steckt, verschwindet, und die Menschen sind in solchen Augenblicken wahrhaft liebenswürdig, weil sie eben ganz wahr sind. Rückhaltlos giebt während der alle Herzen beherrschenden jubelnden Siegesfreude sich der Füsilier seiner lärmenden Freude hin, und während der lange Premier-Lieutenant J., der bei Ausbruch des Krieges auf der Kriegs-Akademie schon zum Jahrgang der „Ueberbildeten“ gehörte, pathetisch historische Vorträge hält, und als einzigen Zuhörer meinen weniger wie je redenden, aber tüchtig qualmenden Hauptmann v. G. findet, läuft der kleine, runde Premier-Lieutenant Z. schmunzelnd umher, glotzt mit den weit herausstehenden Augen alles freundlich an und ruft fortgesetzt: „Kinder, das ist Weltgeschichte, Kinder, macht die Augen auf, das ist Weltgeschichte!"

Wie alles auf Erden sein Ende findet, so gewinnt schließlich auch über den Enthusiasmus dieser Stunden die Prosa des Feldlebens die Oberhand, und als mit einbrechender Nacht sich der Himmel mit Regenwolken bezieht und bald sich die Wiesengründe unseres Biwaks in Sumpf verwandeln, da wird es still im Lager, und die Gedanken sind ganz der Gegenwart und praktischen Erwägungen bezüglich der Herstellung einer weniger amphibischen Lagerstätte gewidmet.

Am Mittag des 3. Septembers kommt Befehl zum Aufbruch. Die Verpflegung der gewaltigen Armeen der Jetztzeit bietet bei längerer Concentration auf einen Punkt trotz der Eisenbahnen bald die größten Schwierigkeiten, und das Bestreben der Heeresleitung ist deshalb darauf gerichtet, möglichst schnell die Corps wieder in Marsch zu setzen, denn es gilt die Befolgung der Regel: Getrennt marschiren, vereint schlagen. Da wir jedoch zum Transport der Gefangenen designirt sind, tritt unser 11. Corps nicht wie die anderen den Vormarsch auf Paris an, sondern wir verbleiben vorläufig in der Nähe des Schlachtfeldes. Die gefangenen Franzosen sind inzwischen auf der durch die ösenförmige Maaskrümmung gebildeten Halbinsel nordwestlich Sedan untergebracht worden; dieselbe eignet sich um so besser hierzu, da sie im Süden durch den Canal de dérivation zu einer völlig abgeschlossenen Insel gemacht wird. Das 88. Regiment bekommt den westlichen Maasarm zur Sicherung zugewiesen, das Füsilier-Bataillon speciell bei le Dancourt, und mit 60 Mann, dem Schützen-Zuge der 12. Compagnie, erhalte auch ich eine Feldwache, mit der ich einen Abschnitt von etwa 1000 Schritt zu decken habe. Wenige Posten, die unmittelbar am Ufer der Maas aufgestellt werden, genügen, denn der Fluß trennt uns von der zwar gewaltigen, aber nun waffenlosen Masse unserer Feinde. Ohne jede Störung vergeht die Nacht; am 4. September Morgens trifft Ablösung ein, und jubelnd zieht das Regiment nach Donchery ins nahe Quartier.

Dem 1. und 2. Bataillon sollte dort freilich keine lange Ruhe beschieden sein, denn die nächsten Tage brachten ihnen mit dem Transporte Gefangener nach Pont à Mousson sehr anstrengende Märsche, uns Füsilieren dagegen war das Glück günstig, denn bis zum 11. September blieben wir in Donchery liegen und hatten so Gelegenheit, täglich die Festung Sedan und das sich nur allmählich leerende Lager der Franzosen zu besuchen und dort Eindrücke interessanter Art zu gewinnen.

X.

Nach Paris.

Das sonst wohl über tausend Einwohner zählende stadtähnliche Donchery schien am Morgen des 4. September beim Einrücken der 88er vom größten Theile der Bevölkerung verlassen. Auch das nur euphemistisch Belletage zu nennende Stockwerk unseres Häuschens war von den Bewohnern geräumt, zwei kleine zweifensterige Zimmer mit einer Küche standen uns zu ungestörter Verfügung. In dem einen Zimmer befand sich ein Sopha, davor ein Tisch mit sauberer Decke, unter dem Tisch ein Teppich; welch ein anheimelndes Bild von Gemüthlichkeit nach dem schmutzigen, nassen Biwakleben der letzten Woche. Schnell richteten wir uns in unserer kleinen Häuslichkeit ein, und nachdem ich meinen Küchenpflichten genügt, konnte ich mich ungestört der Lectüre und Beantwortung von 9 Briefen meiner lieben Eltern widmen, die heute auf einmal in meinen Besitz kamen. Beim Beginn des Krieges hatte ich das Versprechen gegeben, täglich nach Hause zu schreiben, dasselbe aber in letzter Zeit nicht durchführen können, denn während der Gewaltmärsche nach Sedan war nur an einem Tage eine Feldpost an unserm Bataillon entlang gefahren, und auf dem Tornister des vor mir marschirenden Füsiliers hatte ich im Gehen nur einige Worte auf eine Feldpostkarte kritzeln können.

Auf den Straßen von Donchery herrscht inzwischen ein reges Leben. Regimenter verschiedener Corps rücken mit

Musik an der Tête durch den Ort, und alles läuft zusammen, um den munteren Klängen zu lauschen. Große Colonnen von Leiterwagen fahren kurze Zeit später in den Straßen auf, aus den Häusern hinken oder trägt man Verwundete herbei, bald sind die Wagen bis zum letzten überfüllt, langsam setzt der lange Zug sich in Bewegung, und mannichfache, bunte Bilder ziehen mit ihm an unserm Fenster vorüber. Hier liegen auf einem Wagen drei, vier Schwerverwundete auf Stroh gebettet, lang ausgestreckt, bleich, apathisch, todtmatt, mit geschlossenen Augen, oder mit schmerzverzogenen Mienen, denn das holprige Pflaster der Straßen verursacht ihnen besondere Pein. Dort sitzen 12—15 Mann auf einem Wagen, es sind Leichtverwundete; die Mütze auf einem Ohr, die Pfeife im Munde, den Arm in der Binde oder den Kopf umwickelt, das Gewehr zwischen den Beinen, fahren sie heiter plaudernd dahin; man merkt ihnen an, die Freude heim zu kommen wiegt ihnen die Wunde auf.

Zur Mittagsmahlzeit brachte Lieutenant v. L. einen französischen Generalstabs-Capitän mit, den er hungrig auf der Straße hatte umherwandern sehen, und der mit großer Gewandtheit und feinem Tact sich in die schwierige Situation fand und dankbar an unserem Essen Theil nahm. Er gehörte zum Stabe des in Donchery schwer verwundet liegenden Generals Fénèlon und erzählte offenherzig, man habe auf französischer Seite bis zuletzt nichts vom Anmarsch der Armee des Kronprinzen gewußt. Nach unserem Diner drehte er uns Cigaretten, spielte mit mir Trick-Track und erwies sich als durchaus liebenswürdiger, gutherziger und auch dankbarer Gesellschafter, denn am nächsten Tage erschien er wieder und lieferte ein großes, in einer Blechbüchse prächtig conservirtes Rinderfilet zur Tafel, eine Gabe aus der Feldküche unseres Kronprinzen an seinen verwundeten General, die letzterer bei seinem leidenden Zustande nicht selbst zu genießen vermochte. Nach dem Mittagsessen nahm unser schnell liebgewonnener Gast Abschied von uns, um seine Reise als Gefangener nach Deutschland anzutreten.

Am Nachmittag des 5. September ritten wir nach Sedan. Unser Weg führte uns an dem oft beschriebenen Häuschen vorbei, in welchem am 2. September Morgens Kaiser Napoleon und Graf Bismarck jene denkwürdige Zusammenkunft gehabt; auf der mit Pappeln besäumten Chaussee war bald die Festung erreicht. In den engen Straßen des Städtchens herrscht ein dichtes Gewirr von Offizieren zu Fuß und zu Pferde, Fuhrpark-Colonnen, marschirenden geschlossenen Truppenabtheilungen, herumlungernden französischen Offizieren, Soldaten. Auf dem Place d'armes, der weit und geräumig ist, stehen zu vielen Hunderten — ein erhebender Anblick — die eroberten feindlichen Geschütze. Die Kaufleute haben ihre Läden wieder geöffnet, in allen dichtes Gedränge einkaufender deutscher Krieger; die wenigen Hôtels sind bis zum letzten Winkel gefüllt; nach langen Entbehrungen wieder einmal gut zu essen und zu trinken dünkt manch lebensfrohem Gemüth eine besondere Lust.

Nachdem wir unsere Einkäufe bewerkstelligt, namentlich die durch die anstrengenden Märsche und vielen nassen Biwaks sehr defect gewordenen Strümpfe ergänzt, reiten wir ins Franzosenlager hinaus, das erst von der kleineren Hälfte seiner Bewohner verlassen zu sein scheint; denn es können täglich nur 10 000 Mann fortbefördert werden. Hier bietet sich uns ein Anblick, so wundersam, so vielgestaltig, so mannichfaltig an Ueberraschungen, wie dieser an abwechselnden Bildern so reiche Krieg noch keines gezeigt

Das ganze eine Insel bildende Gelände ein einziges, ordnungsloses Lager im buntesten Durcheinander. Der Erdboden aller Orten zerstampft, Felder wie Wiesen bis zur Unkenntlichkeit zertrampelt, ein gelbbrauner, feuchtglänzender, dick an den Stiefeln wie Pferdehufen haftender, fetter Boden; nirgends, soweit das Auge reicht, ein trockenes oder grünes Plätzchen. Keine Autorität irgend wo bemerkbar, von allen Seiten umstellt, hat man den entwaffneten Feind sich selbst überlassen. Die Bande der Disciplin sind zerrissen; die wenigen Offiziere, die noch im Lager zu sehen sind, zeigen ein scheues, zurückhaltendes Wesen. In weiter Ausdehnung überschauen wir von erhöhtem Standpunkte das Lager; hier und dort tritt ein unregelmäßiges Häufchen von grauen Zelten aus dem farbenbunten Gewimmel der malerischen Uniformen heraus. Mit dickem Schmutz bedeckt, die Haare wirr, fröstelnd, mit halbverhungertem, bleichem Antlitz bieten die Gefangenen einen bejammernswerthen Anblick. Doch wie hier helfen? Nur schleunigster Fortmarsch aus der schon gänzlich von allen Lebensmitteln ringsum entblößten Gegend kann hier nützen, und in dieser Richtung sucht auch die deutsche Heeresleitung das Unmögliche möglich zu machen. Ueberall zeigen sich Spuren, wie der erfinderische, lebhafte Geist der Franzosen bemüht gewesen, die elende Lage nach Kräften zu bessern. Das geringfügigste Hülfsmittel ist benutzt, das jämmerlichste Fetzchen Zelttuch verwerthet, die ärmlichsten paar Halme Stroh sind in oft überraschend praktischer Weise zur besseren Bequemlichkeit verwendet.

Der Mangel an Lebensmitteln hat die Scheu vor dem Pferdefleisch besiegt; mehrfach sehen wir Leute beschäftigt, schnell die getödteten Thiere zu zerlegen — meiner unmaßgeblichen Meinung nach übrigens nicht mehr, sondern gerade so unappetitlich, wie jedes andere Fleisch.

Ein ganz besonders eigenthümliches Gepräge verleihen dem Lager die zu vielen Tausenden herrenlos ohne Sattel und Zaumzeug umher laufenden Pferde. Man hat, so viel ich weiß, die Zahl derselben später auf 24 000 geschätzt, und diese armen Geschöpfe laufen nun abgemattet mit hohlen Augen rastlos umher, um nach einem Bissen zu spähen. Das Land zertreten, die Bäume schon überall in Reichweite benagt, kamen die armen Thiere mit jedem weiteren Tage in eine bejammernswerthere Lage, und konnten wir später nur noch mit dicken Knütteln bewaffnet nach Sedan oder ins Lager reiten, denn zu Dutzenden folgten sie uns Reitern in ihrer Noth und hofften auf Hülfe. Der Anblick wurde mit jedem Tage trauriger, Mähnen und Schwänze fraßen sie einander ab, und zuletzt lagen sie zu Hunderten sterbend umher oder standen, Kopf und Schweif gesenkt, unbeweglich im freien Feld. In den letzten Tagen unseres Aufenthaltes in Donchery sah ich dann an der Maas Abtheilungen unserer 14. Husaren und baierische Chevauxlegers beschäftigt, zu vielen Hunderten die armen Thiere zu erschießen. Man zog sie am Kopf ans Ufer, ein Schuß mit dem Carabiner hinters Ohr und dann ein Stoß, und so schwammen die Cadaver zu Hunderten den Fluß hinunter. Unsere Cavallerie und Artillerie hatte naturgemäß vorher das brauchbarste Material zur Ergänzung der eigenen Lücken herausgesucht, und mancher unserer Offiziere hatte für das beim Ausbruch des Krieges gelieferte Dienstpferd ein besseres Beutepferd eingestellt. Auch unser „Compagniejunge“, der 12jährige Sohn eines schlesischen Tagelöhners, der schon in der Pfalz sich zu uns gefunden und den ganzen bisherigen Feldzug wacker bei unserer Compagnie ausgeharrt hatte, erschien zur Freude der Füsiliere mit einem dicken Schimmel, auf dem er in Zukunft stolz hinter dem Bataillon herritt.

Die angenehmen Ruhetage in Donchery mit ihren täglichen interessanten Ritten nach Sedan oder in das Franzosenlager erfuhren für mich nur an einem Tage eine Unterbrechung durch den Auftrag, mit dem Patronenwagen des Bataillons zur Munitionsergänzung nach Douzy zu marschiren. Mein Ritt führte mich durch Balan und Bazeilles, um welches letztere das 1. baierische Corps am 1. September einen harten und erbitterten Kampf hatte führen müssen. Baierische Helme, Uniformstücke und Waffen lagen in großer Zahl neben der Straße, und der sonst über 2000 Einwohner zählende freundliche Ort zeigte sich jetzt buchstäblich als ein Trümmerhaufen. Die Häuser waren ausgebrannt und ihre Straßenfronten derartig niedergerissen, daß nur die Mitte der breiten Chaussee einen schmalen Durchgang bot. Die wiederholte Betheiligung am Kampf seitens der Einwohner und die bei der Wiedereroberung constatirte Verstümmelung zurückgelassener Verwundeter hatte bei den Baiern eine Kampfeswuth erzeugt, deren traurige, aber wohl begreifliche Resultate mir jetzt vor Augen lagen.

Das erste und zweite Bataillon unseres Regiments hatten während unseres Aufenthaltes in Donchery schwere Tage. Je zwei Compagnieen und ein Zug der 14. Husaren erhielten 2000 Gefangene zum Transport nach Pont à Mousson zugewiesen, und hohe Anforderungen an die Leistungsfähigkeit unserer Leute brachte dieses Commando. Märsche von 40 und 50 Kilometern täglich, Regen Tag und Nacht, jammervolle Verpflegung auf den schon gänzlich erschöpften Etappen, dazu Ruhr- und Typhuserkrankungen.

Die Marschdisciplin der in den letzten Tagen fast nur mit Pferdefleisch und unreifem Obst und ebensolchen Kartoffeln genährten Gefangenen lockerte sich mehr und mehr; durch das Uebermaß der Strapazen zu stumpfsinniger Theilnahmslosigkeit niedergedrückt, vermochten sie nur noch mit Waffengewalt zum Gehorsam gezwungen zu werden. Zu Hunderten blieben sie rechts und links am Wege liegen, und doch fehlten den Transporten bei Ankunft in Pont à Mousson nur wenige Mann, bei einem derselben ergab sich sogar ein Mehr von 36 Köpfen über die erhaltene Zahl, das von dem Anschluß der Nachzügler vorangegangener Transporte herrührte.

Während eine Compagnie den Weitertransport eines Commandos Gefangener bis Mainz zu übernehmen hatte und ein Offizier mit seinem Zuge sogar bis Dresden fahren mußte, kehrten die übrigen Compagnieen in Eilmärschen von Pont à Mousson nach Donchery zurück. Ruhr und Typhus hatten zwar die Compagniestärke theilweise auf 100 Mann reducirt, aber eine werthvolle Erfahrung hatte dieser Specialauftrag doch gewinnen lassen, das Bewußtsein überlegener Ausdauer, durch welche der kräftige Deutsche den Franzosen weit hinter sich läßt. Denn unsere Leute hatten ebenso durch Wetter und Mangel zu leiden wie die Gefangenen, hatten noch das volle, durch Regen beschwerte Gepäck und das Gewehr außerdem, mußten zur Aufrechterhaltung der Marschordnung viele Schritte doppelt machen und Nachts noch Wachen und Posten beziehen, und trotzdem hatte man nur selten einen erschöpften Nachzügler gesehen und auch diesen meistens nur als wirklich Kranken.

Am 10. September waren sieben Compagnieen des Regiments wieder in Donchery vereinigt, und da auch hier der Gesundheitszustand durch die Wasser und Luft verpestenden Pferdecadaver sich täglich verschlechtert hatte und Typhus und choleraähnliche Krankheitserscheinungen auftraten, mußte ein Ortswechsel in hohem Maße erwünscht sein. Die großen Hoffnungen, die nach dem glänzenden

Waffenerfolge von Sedan allerwärts auf den Frieden gesetzt waren, hatten sich inzwischen als trügerische erwiesen; nur vor Paris war dieser zu erlangen, und deshalb brachen auch wir nun am 11. September Morgens von Donchery auf, um den vorangezogenen Corps nach der feindlichen Hauptstadt zu folgen.

Unser Marsch von Sedan nach Paris steht mir als eine lichtvolle Zeit in besonders freundlicher Erinnerung. Wie in Manöverzeiten, mit Musik und Spielleuten an der Spitze, zogen wir die Maas hinab, umgingen die Festung Mézières und erreichten in kleinen Märschen schon am 15. September die alte Krönungsstadt der französischen Könige, das herrliche Reims. Sonnenhelle Herbsttage mit erfrischendem Morgennebel und geringe Mittagshitze boten das prächtigste Marschwetter, auf vorzüglichen Straßen ging's durch eine fruchtbare Landschaft von einem ausgezeichneten Quartier ins andere, zu alledem die Siegesfreude und festeste Friedenshoffnung im Herzen, — kein Wunder, daß vom Ausmarsch bis zum Einrücken ins neue Cantonnement der Gesang der Mannschaften nicht verstummte, und die freudige, elastische Spannkraft, die alle beseelte, sich auch äußerlich im flotten Marschtempo bemerkbar machte.

Mit klingendem Spiel hielt die Division in Reims ihren Einzug, der Anblick der schönen Stadt und der herrlichen Kathedrale ließ von neuem die Herzen in stolzer Siegesfreude höher schlagen. Der weitere Vormarsch führte uns durch das mit Wein- und Ackerbau reich gesegnete Hügelland der Aisne und Marne; das Thal der letzteren gewannen wir zwischen la Ferté und Meaux. In fröhlichster Stimmung zogen wir durch die herrliche Landschaft, die bald ein heiteres Bild behaglichen Wohlstandes mit ihren behäbigen Dörfern, ihren weitgebauten Fermen und grünen

Rebenhügeln bot, bald mit ihren koketten, parkumkränzten Schlössern und laubverborgenen Villen den graciösen Zug französischen Wesens charakterisirte.

Je mehr wir uns Paris näherten, desto zahlreicher wurden die Anzeichen der Furcht vor dem bereits viel verleumdeten Feind.

In den Cantonnements waren die reicheren Einwohner mit Hab und Gut entflohen, auch die ärmeren hatten bis auf die nothwendigsten Geräthe alles versteckt. Oft waren die Straßen durch Verhaue oder haustiefe und lange Gruben gesperrt, die aber, meist an ungeschickten Plätzen angelegt, den Vormarsch der Avantgarden unserer Armee kaum wesentlich aufgehalten haben konnten.

Der 24. September sollte uns endlich den begierig ersehnten Anblick der feindlichen Hauptstadt bringen, die seit nun fast drei Wochen den Mittelpunkt all unseres Denkens und Wünschens bildete. Der Zauber, den der Name Paris seit lange her zu üben gewohnt war, hielt uns alle zwiefach umfangen, knüpfte sich an ihn doch für uns endgültiger Sieg, ruhmvoller Friede, neuer Glanz der deutschen Waffen und glückliche Heimkehr ins liebe Vaterland.

Ueber Jossigny und Ferrières erreichten wir gegen zwei Uhr Nachmittags die Höhen von Sucy-en-Brie und weithin, dehnte sich nun das gewaltige Häusermeer der Weltstadt mit ihren stolzen Kuppeln und Thürmen, umspannt von dem weiten, grünschimmernden Gürtel der Forts, vor unseren trunkenen Blicken aus. Dumpf dröhnten die Schläge der schweren Geschütze von den Forts herüber und mahnten uns einzutreten in die Reihen unserer Kameraden, die den gewaltigen Koloß schon muthvoll umspannten.

XI.

Im Südosten von Paris.

Nicht lange blieb uns nach unserem Einrücken in Sucy-en-Brie Zeit, die neuen, voraussichtlich für längere Dauer uns bestimmten Quartiere wohnlich einzurichten. Der stadtähnliche, von Villen und Parkanlagen umgebene Ort wurde in einzelne Abschnitte zerlegt, jede Compagnie erhielt etwa zehn Häuser, und in dem bescheidensten der uns zugewiesenen suchten wir Offiziere der 12. Compagnie Unterkommen. Die Einwohner waren bis auf wenige verdächtige Subjecte entflohen, und wenn die Truppen zum Exerciren ausgerückt oder auf den Appellplätzen beschäftigt sind, ist es unheimlich, durch den wie ausgestorbenen Ort zu gehen. Die Häuser sind allen Geräths entblößt, der Wind streicht fast unablässig durch die hochgelegenen, staubigen Straßen und wirft den grauen Sand gegen die blinden Scheiben der schmutzigen Gebäude. Die 11. Compagnie freilich hat es besser getroffen; sie liegt unten am Abhang nach der Marne zu im Schlosse Grand-Val. Wenn wir dort hinunter reiten, finden wir einen schattigen Park, wohlgepflegte Kieswege, vergoldete Eisengitter, breite Terrassen, zierliche Balcone, parquettirte Fußböden, mit dem feinsten Geschmack und verschwenderischem Luxus ausgestattete Salons und bei dem gastfreien Premierlieutenant Z., dem liebenswürdigen Compagnieführer, herzliche Aufnahme und den besten Wein aus kühlem Schloßkeller.

Doch das alles wird uns erst allmählich bekannt, denn schon am Tage nach unserem Einrücken in Sucy mußten wir die Vorposten des 6. Armee-Corps ablösen und erhielten nun Einsicht in die voraussichtlich längere Zeit zu sichernden Abschnitte.

In der Gabel zwischen Marne und Seine liegt im Südosten von Paris das Fort de Charenton, und diesem gegenüber fanden wir in dem Dorfe Bonneuil bei Montmesly und Ferme Mesly unsere Aufstellung. Unsere 12. Compagnie hatte speciell die Feldwache bei Ferme Mesly zu besetzen, deren linker Flügel-Doppelposten nach Südwesten hin Anschluß an die Aufstellung der 22. Division fand. Ein kleiner Pachthof, diese Ferme Mesly; ein strohgedecktes Haus mit niederen Fenstern, ein geräumiger Hof mit weiten Stallgebäuden und Scheuern, in denen eine halbe Schwadron der 13. Husaren bequem ihr Unterkommen findet. Wie auf einem Präsentirbrett liegt frei und ungedeckt nach dem Fort zu unser Haus; die Hoffnung, daß die Franzosen es als zu wahnwitzig für unmöglich halten, daß wir in diesem Hause stecken, muß unser Bundesgenosse sein; die strengsten Befehle werden gegeben: „daß kein Mann auch nur eine Secunde die Nase nach der Frontseite heraussteckt!“ — und beruhigt setzen wir uns in der behaglichen niedrigen Bauernstube nach dem Hofe hinaus zum Mittagsessen nieder.

Der erste Tag und die erste Nacht vergehen ungestört, an den übrigen Tagen aber, die wir auf der Ferme verbleiben, bis Ablösung kommt, erscheinen mit größter Pünktlichkeit Nachmittags 2 Uhr von Creteil her französische Tirailleur-Linien, die sich mit unseren Feldwachen herumschießen, während hinter ihnen und unter ihrem Schutze ganze Schaaren von Weibern Kartoffelernte halten. Vom dritten Tage ab ist aber auch bei der Taubenjagd, die wir, des ewigen Hammelfleisches müde, auf unserm Hofe angestellt, unser Aufenthalt verrathen, und manch gewaltig brummende Granate saust mißmuthig über uns weg und stört unsere behagliche Gemüthlichkeit. Bei Tage dürfen wir uns gar nicht mehr an die Frontseite wagen, weil die Franzosen, die augenscheinlich unser ganzes Terrain mit guten Ferngläsern scharf beobachten, sonst sofort stundenlang Granaten herüberwerfen; wenn aber die Sonne hinter dem Häusermeer der Riesenstadt untergetaucht ist und am tiefblauen Himmel das glitzernde Meer der Sterne leuchtet, dann treten wir hinaus in die nächtlich stille und dunkle Landschaft, wandern wohl ein Stückchen ins Feld hinaus und überlassen uns ganz dem Zauber des Augenblicks.

Welch wehmüthiges Gefühl der Verlassenheit, einsam in dunkler Nacht im freien Felde zu stehen; rechts und links verschwimmt Baum und Strauch im gespenstigen Dunkel, hinter uns die düstern Umrisse unsere Ferme, die kein freundlicher Lichtstrahl erhellt, alles still und todt, nur vorn am Horizont der helle Widerschein der gewaltigen Stadt. Wie schwer sie athmet, die Gefangene, Umringte; welch dumpfes, verworrenes Getöse, der Pulsschlag von fast zwei Millionen Menschen, dröhnt durch die Stille der Nacht herüber. Wie gewaltig arbeitet das Leben in ihr, wilde Leidenschaften treiben ihr fesselloses Spiel, Fluchen und heiße Gebete steigen tausendfältig zu denselben Sternen empor, die jetzt in schweigender Pracht über uns strahlen. Wie lange wird dies dauern? Wie wird das alles enden? Was hat dies unbeständige, trotz aller Schwächen so liebenswürdige Volk schon erlebt und durchkämpft! Was mag ihm noch bevorstehen! Und doch müssen wir schließlich sagen: Ihr habt's so gewollt! Das Leben des französischen Volkes gleicht dem der lieben Schuljugend, die von Erfahrung zu Erfahrung stolpert.

Zwischen Vorpostendienst und Tagen der Erholung in Sucy wechselt unser Leben; der 30. September bringt ein größeres Ausfallgefecht; am 6. October lag unser Füsilierbataillon wieder einmal in Bonneuil. Gegen Abend hatte ein kleines Gefecht sich entwickelt, ausgeschwärmt hatten wir bis gegen 8 Uhr Abends an den Erlenbüschen eines Wiesenbachs gelegen, bis dichter Nebel alle Aussicht nahm, und die Franzosen gegen Creteil zurückzugehen zwang. Da der Feind nicht so liebenswürdig gewesen, auf die Stunde unseres Diners Rücksicht zu nehmen, setzen wir 4 Offiziere der 12. Compagnie uns vergnügt in dem Gartensaal der kleinen Villa, die während der Vorpostentage unser Quartier bildet, zum Hammelbraten nieder. Die Thüren stehen offen, auf dem Tisch brennende Lichter in leeren Flaschen, die den kleinen Grasplatz des Vorgartens erhellen. Plötzlich Galopp eines Pferdes auf dem Kiesweg. „Guten Abend, Herrschaften", tönt die frische, freundliche Stimme unseres liebenswürdigen Regiments-Adjutanten. „Ist Würmchen da?" — „Hier!" — „Kommen Sie mal 'raus Würmchen! Der Landrath von Hersfeld ist eben angekommen, er liegt mit drei Waggons Liebesgaben in Nanteuil, Sie sollen gleich hin und sie holen, der Oberst will, Sie sollen noch heut Abend abmarschiren. Ihr Bataillons-Commandeur weiß schon Bescheid, melden Sie sich bei dem! Guten Abend!" — „Wo liegt denn Nanteuil?" — „Na, nach Deutschland zu!" — ruft der schon davon galoppirende Lieutenant L. und nun wußte ich ja ausgezeichnet Bescheid.

Mein erster besonderer Auftrag als Offizier! Wie stolz schlägt das Herz. Ich habe keine Ruhe zum Essen, binde schnell die Schärpe um, packe mit dem treuen Rau die nothwendigen Sachen zusammen, und während ich mich säbelrasselnd beim Compagnie-Chef und Bataillons-Commandeur melde, sattelt unser Compagniejunge seinen Schimmel, den er mir für die nächsten Tage überlassen hat. Ein Unteroffizier und zwölf Mann, darunter mein Bursche, bilden meine kleine Escorte, ein einspänniger, jämmerlicher Leiterwagen, auf dem der Landrath gekommen, nimmt diesen wiederum und außerdem das Gepäck der Leute auf, und vorwärts geht's in die dunkle Nacht hinein auf gut Glück, dem Compaß nach in östlicher Richtung.

Weit jedoch soll ich heute nicht mehr kommen; in Ormesson giebt ein württembergischer Major uns freundlich Quartier, und am nächsten Morgen geht's in aller Frühe weiter. Fuhrwerke soll ich mir selbst requiriren; da aber in den Ortschaften rings um Paris kein Pferdeschwanz mehr zu finden ist, muß ich weit nach Süden ausbiegen, und komme schließlich in Dörfer, wo noch kein Preuße gewesen.

Eine weitgebaute Ortschaft; ich halte auf freiem Platz in der Mitte des Dorfes und unterhandle mit dem Maire. Inzwischen finden 50—60 Bauern sich zusammen; sie stehen in einem Knäuel seitwärts, parliren und gesticuliren eifrig und werfen giftige Blicke zu uns herüber. Der Maire geht von einem zum andern, keiner will Pferd und Wagen hergeben. Inzwischen kommt zu der Gruppe manch Bauer, scheinbar zufällig, mit Mistgabel oder Sense über den Schultern hinzu. Nun wird mir doch die Sache etwas verdächtig. Will ich meinen Zweck noch erreichen, so scheint Eile geboten. Ich springe vom Pferde, nehme den Revolver in die Rechte, packe den Maire bei der Schulter und schleppe ihn in beschleunigtem Tempo ins nächste Gehöft. Dort stehen 4 Percheronhengste im Stalle. Mit lautem Wettern und Toben bringe ich den Maire und einen Knecht zum schleunigen Anspannen, während draußen mein Unteroffizier mit inzwischen geladenen Gewehren die Bauern in respectvoller Entfernung von sich hält. Mein schlauer Rau, der inzwischen wohl gemerkt hat, daß ich auf das schon bestellte Mittagsessen verzichten werde, schlägt inzwischen mit einer Bohnenstange ein halbes Dutzend Hühner und Enten todt, die unter einigen rasch gefüllten Hafersäcken Platz finden, nach 10 Minuten liegt das Dorf hinter mir, und ich bin sehr stolz auf meinen Erfolg. In einem anderen Dorfe brauche ich Kriegslist; ich verkündige die demnächstige Ankunft von 500 Mann und drohe mit allen Strafen, wenn nicht in einer Stunde das Essen fertig ist. Sieben weitere Fuhrwerke sind dort das Resultat der Requisition und der Landrath meint, die werden reichen. Ein trauriges Geschäft, das Requiriren; ein alter Bauer sagt kein Wort, und doch welch innerer Kampf steht in seinem Gesicht, als ich mit seinen schönen Pferden fortziehe. Ich sage ihm einige Worte des Trostes und daß in acht Tagen das Fuhrwerk wieder zurück sein werde, aber ungläubig schüttelt er schweigend den Kopf. Schweigend getragenes Leid rührt am meisten.

Nach drei Tagen — die schweren Hengste können nicht traben — bin ich in Nanteuil, das an der Eisenbahn östlich Paris, zwischen Meaux und Château-Thierry liegt. Der Tunnel westlich Nanteuil ist von den Franzosen gesprengt; hier also momentan der Endpunkt der von Deutschland kommenden Eisenbahnlinie Ein gewaltiges Treiben in und um diesen kleinen Ort. Tausende von Fuhrwerken bedecken die Felder, um die enormen Vorräthe an Lebensmitteln, Munition, Bekleidungsstücken, die sich hier schon angehäuft haben, allmählich wegzuschaffen. Die Heranschaffung eines umfangreichen, für Paris bestimmten Belagerungsparks hat schon begonnen, Geschützrohre, Laffeten, Munition, wohin das Auge blickt. Bald sind unsere Waggons gefunden, die reichen Gaben der lieben Hersfelder aufgeladen, und erleichterten Herzens trete ich den Rückmarsch an. In einem verlassenen Schloß wird übernachtet; kein Mensch in der Nähe, auch das Dorf ist wie todt. Im Schloß kein Stück Möbel. Die vollgepackten Fuhrwerke kommen auf den Hof, die Pferde in den mächtigen Stall, die französischen Fuhrknechte bekommen 6 Hühner — ich hatte aus einem anderen Dorf 50 Stück lebend in Körben mitgenommen —, werden eingeschlossen und können nun kochen; auf dem Schloßhofe stelle ich eine Wache auf und dann kommt endlich die Sorge fürs eigene leibliche Wohl. Da thatsächlich nicht ein Stück Holz oder sonstiges Geräth zum Feueranmachen zu finden ist, greife ich zur allein zurückgelassenen Bibliothek; bei dem Feuer der reichen Bände, die ich betrübten Herzens zu diesem Zwecke nehmen lasse, kochen wir unsere Poularden und erwärmen wir uns während der Nacht. Auch die Knechte heizen mit Büchern. C'est la guerre! — Gewiß haben wir Deutschen nichts muthwillig zerstört, wo es aber Erhaltung der Gesundheit und Leistungsfähigkeit galt, wurde auch das Beste ohne Besinnen genommen. C'est la guerre!

Drei Tage vergehen, da bin ich in Sucy; welche Freude, nach mancherlei Fährlichkeiten alles glücklich zu Ende geführt zu haben. Doch was ist das? — Weiße Achselklappen auf Posten? — „Wo sind die 88er?“ — „Ja, Herr Lieutenant, das weiß ich nicht!“ kommt's langsam von den Lippen des dicken Ostfriesländers. Die Offiziere im Ort wissen auch nicht Auskunft zu geben. „Das 11. Corps soll ja nach Orleans marschirt sein!“ meint

Einer. Nun wird's mir heiß im Kopf. Auf Rath eines Stabsoffiziers lasse ich meine Fuhrwerke vorläufig in Such stehen und galoppire nach Boissy hinüber, wo der Divisionsstab liegt; dort wird mir der tröstliche Bescheid, das 11. Corps liege bei Versailles, und einigermaßen beruhigt marschire ich weiter.

Mit Mühe komme ich bei Villeneuf St. Georges über die Seine; eine Kettenbrücke bricht beinahe unter einem der schweren Fuhrwerke zusammen. Noch eine Nacht in einem wüsten Schloß und endlich ist Versailles erreicht.

Für das prächtige Schloß und die historischen Reminiscenzen, die sich hier überall aufdrängen, habe ich vorläufig wenig Auge und Sinn; mich drängt's, meine Wurstkisten los zu werden. Auf dem gewaltig großen, rechteckigen, mit Platanen-Alleen umsäumten Place d'armes vor dem Schloß steht ein mächtiges Reiterstandbild Ludwig's XIV.; rechter Hand, an eines der den Platz umschließenden Häuser ist ein weißes Quartblatt genagelt, auf dem mit Blaustift geschrieben steht: „Königlich preußisches Kriegsministerium!" — Dort erfahre ich, daß in Chaville und Sèvres die 88er liegen; es ist nur eine Stunde weit, und frohlockend steige ich aufs Pferd, endlich meinem Ziele nahe. Auf der anderen Seite des Platzes steht meine Colonne; ich reite also gleich quer hinüber. „On ne passe pas ici!" schnaubt mich ein promenirender älterer Herr plötzlich an. „Un officier prussien passe partout, comme vous voyez", lautet die kurze Abfertigung.

Die Sonne steht schon tief am Himmel und mit müden Pferden geht der Marsch die breite, baumbepflanzte Avenue de Paris hinunter durch Viroflay nach Chaville. Bald verkündet näher und näher tönender Geschützdonner, daß ich auf dem Wege zu den Vorposten bin, und in Chaville sehe ich mit heller Freude die Achselklappen der 88er. Der Regiments-Commandeur empfängt mich freundlich und sagt mir einige gütige Worte, der ich stolz melden kann, daß nicht ein Brot mir fehlt, trotzdem wir in den letzten beiden Tagen fast gehungert haben. Meinen lieben Hauptmann v. G. treffe ich aber nicht hier; er ist mit der Compagnie bei Meudon auf Vorposten. Meine Begleitmannschaften sollen auf Befehl des Obersten unten in Chaville bleiben; ich nehme mit einigen Worten des Dankes Abschied von ihnen; sie haben sich während der ganzen Zeit musterhaft betragen. Dann aber muß der müde Schimmel noch nach Meudon hinauf; es läßt mir keine Ruhe, bis ich bei meinem väterlichen Freunde bin, an dem ich mit großer Liebe hänge. Er empfängt mich zwar mit spärlichen Worten, aber die Art, mit der er bei der Abendmahlzeit für mich sorgt, zeigt mir genügend seine wohlwollende Gesinnung.

„Wo ist denn Lieutenant v. L.?“ frage ich erstaunt. „Der ist fort!“ sagt Hauptmann v. G. mit verschmitztem Lächeln. Da weiß ich schon, ich darf nicht weiter fragen. Als wir am nächsten Morgen abgelöst werden, wird mir aber dafür eine große Ueberraschung zu Theil.

XII.

Im Westen von Paris.

Am 9. October hatte die 21. Division, wie ich jetzt bei der Rückkehr von meinem Commando erfuhr, Befehl erhalten, die Stellung vor dem Fort de Charenton zu räumen und statt derselben eine neue dem Fort d'Issy und dem Point du jour gegenüber bei Meudon und Sèvres zu beziehen.

Anfangs von dem Wechsel wenig befriedigt, mußten wir bald einsehen, daß derselbe sehr zu unserem Vortheil war, denn gerade hier an der westlichen Seite von Paris boten besonders reiche Villencolonien und zahlreiche Schlösser vorzügliche Quartiere; außerdem gewährte die unmittelbare Nähe von Versailles vielseitige Mittel, der, wenn auch durchaus genügenden, so doch immerhin etwas einförmigen Verpflegung aufzuhelfen, ganz abgesehen von dem hohen Interesse, das die Stadt sowohl als großes Hauptquartier Sr. Majestät, wie auch an und für sich durch Kunstschätze und culturhistorische Bedeutung in Anspruch nahm.

Von Versailles aus führt in nordöstlicher Richtung in einem nicht sehr breit eingeschnittenen Thal eine Chaussee mit Pferdebahngeleise nach Paris, an der entlang unmittelbar zusammenhängend die Ortschaften Viroflay, Chaville, Sèvres, Billancourt liegen. An der Hauptstraße stadtähnlich gebaut, haben die genannten Orte in den Seitenwegen zahlreiche Villen und Schlösser, die auch auf den das Thal einschließenden Höhen überall zerstreut sind. Sèvres und Billancourt werden durch die Seine getrennt; die steinerne Brücke bei Sèvres war durch die Franzosen gesprengt. Die Höhe südlich der vorhin erwähnten Chaussee ist durch das villenreiche Bellevue, das hart an dem nach der Seine zu abfallenden Rande liegt, und weiter südlich von Schloß und Dorf Meudon und dem Bois de Meudon gekrönt. Der der 21. Division zugewiesene Theil der Einschließungslinie begann bei Meudon und ging über Bellevue bis Sèvres. An den rechten Flügel der Division schloß sich bei Clamart das 2. baierische, an den linken Flügel bei St. Cloud das 5. preußische Armee-Corps an. Das ganze Terrain der 21. Division war wieder in drei Abschnitte: Meudon, Bellevue und Sèvres zerlegt, deren jeder durch ein Bataillon Infanterie besetzt war; die durchgehenden Nummern der Feldwachen endeten mit Nr. 10 in der neuen Porzellanfabrik in Sèvres. Ein viertes Bataillon stand jedesmal als Hauptreserve auf der Hochfläche von Meudon. Es belegte an der Straße nach Bellevue eine zur Herstellung von Zündhütchen, daher die „Zündpille“ genannte Fabrik. Rings von dichtem Walde umschlossen war diese Stellung jeder Beobachtung entrückt. Durch ein fünftes Bataillon in Villebon wurde schließlich noch eine Specialreserve für den Abschnitt Meudon gebildet. Die Regiments-Commandeure der Division hatten als Vorposten-Commandeure abwechselnd ihren Sitz in einer in der Nähe der Zündpille gelegenen Villa. Ein eigenes Observatorium mit weitem Rundblick über das besetzte Terrain stand ihnen zur Verfügung und eine Telegraphenstation bewerkstelligte die Verbindung mit den Nachbarcorps und dem Hauptquartiere in Versailles und ermöglichte die rechtzeitige Unterstützung eines jeden ernstlich bedrohten Punktes.

In regelmäßigem Wechsel zwischen vier Vorpostentagen und vier Tagen der Ruhe in Chaville verlief während der nächsten drei Monate unser Leben. Ein greller Contrast freilich zwischen den Erholungstagen und denen auf Posten.

Am Morgen nach meiner Wiederankunft beim Regiment wurden wir abgelöst und marschirten von der Zündpille nach Chaville hinunter. Dort standen der Compagnie neun größere und eine kleine Villa in einer Seitenstraße zur Verfügung. Die 250 Mann der Compagnie sind also bequem untergebracht, die fehlenden Lagerstätten theils durch Matratzen aus den im Schußbereich des Feindes liegenden Schlössern ergänzt, theils durch Stroh ersetzt. Die kleinste für uns Offiziere reservirte Villa war bei der Ankunft des Regiments in Chaville von Meublen gänzlich entblößt gewesen; der gestern von mir vermißte Lieutenant v. L. unserer Compagnie hatte aber die Vorpostentage trefflich benutzt, um aus zerschossenen Villen und Schlössern der vordersten Linie das nothwendige Ameublement zu besorgen, und so fanden wir bei unserer Ankunft in Chaville zu unserer Ueberraschung im Parterre einen kleinen Salon, ein Eßzimmer und die Küche eingerichtet, während im ersten Stock jeder von uns Offizieren sein freundliches Schlafzimmer hatte. Die Burschen waren in einem Seitengebäude einquartiert, der Keller war reichlich mit Wein gefüllt, ein möglichst großer Holzvorrath für den nahenden Winter beschafft und so fühlten wir uns denn bald in dem neuen Heim behaglich.

Die Ruhetage in Chaville glichen während der langen drei Monate einander so sehr, daß die Beschreibung eines derselben ein Bild von allen zu geben vermag.

Die Wintersonne scheint schon hell ins Zimmer, da klopft Hauptmann v. G. an die Thür: „Friedrich Wilhelm, nun ist's aber Zeit." Schnell wird Toilette gemacht, der Paletot functionirt in unserer Familie als Schlafrock und ist am Frühstückstisch geduldet. Im Eßzimmer sitzt unser ehrwürdiges Oberhaupt am Kaminfeuer und sucht mit vielem Geschick, aber ohne großen Erfolg die Temperatur auf mehr wie 9 Grad Plus zu bringen. Auf dem Tisch dampft der Kaffee, auch Zucker — das Pfund zu 1 Thaler — haben wir in Versailles gekauft, frisches Gebäck wird alle Morgen ins Haus gebracht; Milch giebt's freilich nicht, dafür stehen sechs verschiedene Sorten feiner Liqueurs zur Auswahl auf dem Tisch. Zeitungen und Briefe liefert die vorzüglich organisirte Feldpost jetzt mit größter Pünktlichkeit; eine Stunde behaglichen Familienlebens steht uns also bevor.

Gegen Ende derselben folgende sich täglich wiederholende Scene. Die Thür geht auf, Rau I., der Oberkoch, erscheint und wartet strammstehend stumm auf eine Anrede. Hauptmann v. G. dreht sich langsam um, sieht Rau eine Weile an, nimmt die Cigarre bedächtig aus dem Munde und fragt ganz langsam: „Was wollen Sie?" Hierauf die stehende Antwort: „Was befehlen Herr Hauptmann heute zu kochen?" — Lange Pause; der Familienkreis horcht achtsam, qualmt überlegend. Endlich die bedächtige Frage: „Was habt Ihr denn empfangen?" — Worauf mit tödtlicher Sicherheit — man denke, drei Monate lang — die Antwort: „Hammelfleisch, Herr Hauptmann!" — Schmerzliche Pause, und dann: „Nun, dann kocht nur Hammelfleisch!" — Der Bursche geht mit der Miene, das Seine gethan zu haben, und nun beginnen meine Sorgen. Was habe ich alles aus Hammelfleisch bereitet! Hammelbraten, Hammel gekocht, Hammelbeefsteaks — man verzeihe den nonsens — Hammelbouletten, Hammelfricassée, Hammel zahm, Hammel wild, Hammelgulasch, und doch wollte niemand ihn schließlich mehr essen. Und was habe ich in Saucen geleistet! Speck, Mehl, Essig, Zucker, Salz, Zwiebeln, aus diesen Ingredienzien waren doch an zehn verschiedene Saucen herzustellen; es ist eben schon ein großer Unterschied, ob man Mehl mit oder ohne Fett braun macht. Es half aber schließlich alles nichts mehr. Da wurde denn der Gaul vom Stabsarzt in die Gigg gespannt, im langen Galopp ging's die herrliche Chaussee entlang nach Versailles, wo täglich in den Markthallen Geflügel, Butter, Pasteten u. s. w. feil gehalten wurden. Ein Marktbild wie bei uns, bis auf die Käufer, die fast nur Offiziere sind. Und will eine Verkäuferin den grünen preußischen Zehnthalerschein der Kriegsanleihe nicht nehmen, so ist schnell der Armeegensdarm herbeigewinkt und der Zwangscours tritt in sein Recht.

Nach dem Frühstück werden Briefe geschrieben, es wird exercirt oder ein Appell abgehalten. Kameraden kommen zum Besuch und gehen, ein bis zwei Stunden wird geritten; um 12 Uhr zweites Frühstück: Brot, Butter, Wurst aus der Heimath, fromage de Brie, vorzüglicher Wein und guter Cognac. Nachmittags ein französisches Buch, Ritt nach Versailles und Besuch der herrlichen Gemäldegalerie, oder Fahrt nach St. Germain oder zu Freunden in benachbarten Cantonnements. Um 6 Uhr Diner, dann eine Partie Whist und um 9 Uhr meistens ins Bett. Ein Leben wie im Frieden und man könnte den Krieg darüber vergessen. Aber vom Morgen bis zum Abend dröhnt durch die frische, klare Winterluft alle 2 bis 3 Sekunden hell und scharf: „Wang!“ „Wa—a—aang!“ ein Kanonenschuß von den Vorposten herüber, macht die Fensterscheiben leise klirren und mahnt uns, daß die Herrlichkeit gar bald ein Ende, und daß Schmutz, Kälte, scharfes Wachen, schwere Verantwortung, tagelanges, wehrloses Ausharren im feindlichen

Granatfeuer unserer warten. Und wenn wir Nachts von lieblichen Traumbildern umgaukelt, von Heimathluft umweht, plötzlich erwachen, dann erinnert gar schnell ein neuer Schlag aus schwerem Geschütz an die rauhe Wirklichkeit, an den blutigen, furchtbaren Ernst der Zeit.

Und nun die Vorpostentage. Es ist fünf Uhr Morgens, noch herrscht finstere Nacht; schneidend pfeift der Wind durchs enge Thal, da ruft's von Haus zu Haus: „Raustreten!“ Wenn nicht weniger, frisch gefallener Schnee die schmale Straße etwas erhellt, leuchtet der den Feldwebel begleitende Hornist mit trüb brennender Stalllaterne beim Rangiren die Front hinunter. Frierend marschiren wir ab, mühsam geht der Weg die mit Glatteis bedeckte, steile Straße nach Meudon hinauf. Oben im Meudoner Wald wird es noch finsterer; nur die kalt vom tiefblauen Himmel herabstrahlenden Sterne erleuchten ein wenig unseren Marsch.

Endlich ist Bellevue erreicht, die Feldwachen lösen sich von dem Gros des Bataillons los und marschiren unter ihren Offizieren nach ihren Plätzen; sie bedürfen keines Führers, denn längst ist jedermann der Standort jeder Feldwache, jedes Postens bekannt. Lautlos ohne ein Wort marschirt der kleine Trupp durch die kleine Villenstraße, leise ruft der vor dem Hause stehende Posten vor Gewehr uns an. Den Paletotkragen hochgeschlagen, die hohen Stiefel grau und schmutzig, den verbogenen, blinden Helm auf dem Kopf, mit struppigem Haar und Bart erwartet uns blaß und frierend unser Vorgänger. Schnell sind die Posten abgelöst, denn die Eintheilung der Mannschaften hat bei der gründlichen Kenntniß aller Verhältnisse schon vorher stattfinden können, etwaige Neuigkeiten vom Feinde werden rasch berichtet und fröhlich zieht die eben abgelöste Schaar von dannen.

Im Innern des Hauses, in dem die Feldwache liegt, ein großes Zimmer zu ebener Erde, in dem die nicht auf Posten befindlichen Leute untergebracht werden. Ein unwirthlicher Raum; in der Mitte steht ein kleiner eiserner Ofen, dessen langes Rohr zum Fenster hinausgeleitet ist, damit nicht der durch den Schlot entweichende Rauch die feindlichen Granaten auf uns ziehe. An der einen Seite des Zimmers stehen die Gewehrpyramiden der Mannschaften, die Tornister liegen ausgerichtet dabei. Seidene und sammtene Fauteuils, grün, roth, blau, schmutzig und zerrissen, stehen um einen verschrammten, schmutzigen, einst kostbaren Tisch von Polysanderholz. Der Qualm des Ofens und der Pfeifen, die vielfach in Ermangelung des geliebten Tabaks mit getrockneten Nußblättern, ja selbst mit dem Seegras der Matratzen gestopft sind, haben die Wände geschwärzt, die goldenen Rahmen der kostbaren Gemälde verdunkelt. Die schweren seidenen oder sammtenen Gardinen sind lange heruntergerissen und in Hals- und Kopftücher zum Schutz gegen die Kälte auf Posten oder beim Patrouillengang zerschnitten.

Das kleine Nebenzimmer dient dem feldwachhabenden Lieutenant zum Aufenthaltsort. Nur wenige Augenblicke der Ruhe sind ihm in den 24 Stunden seiner verantwortungsreichen Stellung vergönnt. Die Thür zum Mannschaftszimmer ist halb geöffnet, das Geringfügigste ist hier wichtig und bedarf der Aufsicht und Controle. Schweren Schrittes tritt eine Patrouille ins Zimmer, der Führer erstattet eingehende Meldung; durch Kreuz- und Querfragen überzeugt sich der Feldwachhabende von der gewissenhaften Ausführung des gegebenen Auftrages. In kurzen, regelmäßigen Zwischenräumen werden neue Patrouillen entsendet, denn das Vorterrain muß unausgesetzt unter ihrer Beobachtung stehen. Genaue Instruction der einzelnen Führer, oft veränderte, klug überlegte Aufträge müssen ertheilt werden. Die Ablösungsstunden der Posten sollen gewissenhaft innegehalten werden, eingegangene wichtige Meldungen werden schriftlich an die Vorgesetzten weiter befördert.

So vergehen in unausgesetzter Wachsamkeit die Stunden, manchmal ohne besonderen Zwischenfall, manchmal wird's lebendig vor der Feldwache. Erst fallen vor der Postenlinie vereinzelte Schüsse, es sind unsere Patrouillen, die sich da herum schießen. „Trab, Trab!" kommt's eilig auf der hartgefrorenen Straße näher: „Ein feindlicher Zug schwärmt gegen die Feldwache aus!" lautet die Meldung. Ein Schuß in der Postenlinie bestätigt die Thatsache, schnell schwärmt die ganze Feldwache aus und besetzt die zur Vertheidigung eingerichtete Stellung. Hinter Mauern mit Schießscharten stehend, hinter Erdwällen auf vom Schnee durchfeuchteten hartgefrorenen Matratzen liegend, hinter Barrikaden von Schränken, Matratzen, Sophas, Pianos, die die Straße sperren, auf Fauteuils sitzend, das Gewehr schußbereit, scharf in das durch seine Villen, Parks und Mauern unübersichtliche Vorterrain lugend, erwartet klopfenden Herzens die kleine Schaar den Feind. Von Posten zu Posten eilt der Offizier, überall verbessernd, befehlend. Stundenlang pfeifen die feindlichen Kugeln über uns weg, meist unschädlich; nur selten fällt auf unserer Seite ein Schuß, denn wohlgedeckt liegt der Feind in ziemlicher Entfernung. Um nutzloses Blutvergießen zu vermeiden, sind bei solch kleinen Nörgeleien Vorstöße von unserer Seite verboten, da heißt's geduldig ausharren. Endlich zieht der Feind ab, und es herrscht wieder Ruhe auf Posten und Wache.

Gegen Abend verdoppelt der Lieutenant seine Aufmerksamkeit, und wenn die Nacht hernieder gesunken, tritt er oft hinaus und geht von Posten zu Posten und mahnt zu angestrengter Aufmerksamkeit, denn die Posten sitzen zum Theil in Fauteuils; wie leicht kann einer der Versuchung erliegen und einschlafen.

Klar und sternenhell ist die Nacht; ein röthlicher Schein liegt über dem gewaltigen Häusermeer der großen Stadt, die weit über alles Erwarten lange der feindlichen Umarmung widersteht.

Schlimmer wird die Situation, wenn auf Fort d'Issy, Vanvres, Montrouge und auf Point du jour die Franzosen besondere Lust spüren, ihr Müthchen an uns zu kühlen, und wenn namentlich das schlimme Kanonenboot bei der Insel Billancourt erscheint. Halbe und ganze Tage lang fliegen unausgesetzt die schweren Granaten zu uns herüber, crepiren mit furchtbarem Getöse auf der hartgefrorenen Straße, in den nächsten Häusern und schlagen, wenn's schlimm kommt, auch wohl bei uns selber ein. Sie thun im allgemeinen nicht viel wirklichen Schaden, aber die Nerven bringen sie im Laufe der Stunden herunter. Auch die nicht unmittelbar auf Feldwache liegenden Theile des Bataillons haben hierunter zu leiden und verlieren die Ruhe, deren sie im voraus bedürfen, wenn die Pflichten des Wachens an sie herantreten.

Von Feldwache abgelöst, bleiben uns doch bis zur Rückkehr nach Chaville noch 3 Tage im Replis, die müßig verbracht werden. Unfähig, sich anhaltend mit Lectüre zu beschäftigen, schlendert man gelangweilt durch die öden, todten Straßen, und bewundert neugierig das Innere der prachtvollen Villen und Schlösser. Alle Thüren sind beim Suchen nach Wein und Lebensmitteln erbrochen, Schränke und Schubfächer nach der so ergänzungsbedürftigen Wäsche durchsucht. Die Granaten und Feuersbrünste haben das

Ihre gethan, die Verwüstung zu befördern, und hallenden Schrittes schreitet man durch die herrlichen, jetzt wüsten Räume. Welch seltsamer Gegensatz; noch gestern lag man in rauher Winternacht stundenlang auf hartgefrorener Matratze hinter einer Barrikade, jetzt steht man am weißen Marmorkamin eines stolzen Schlosses. Kein lebendes Wesen tritt uns entgegen, es ist fast wie in den Schlössern der alten Märchen. Je todtenstiller ein Zimmer ist, desto mehr beleben sich die Bilder an den Wänden; unheimlich fast ist's unter den Ahnenbildern, die ernst auf die schweigende Verwüstung herabschauen.

Woche auf Woche vergeht in solchem Leben. Der Jubel der Capitulation von Metz ist verklungen, Paris bleibt ungebeugt. Mancher Ausfall ist blutig abgeschlagen, Armeebefehle bringen uns Nachricht von den stolzen Siegen unserer Brüder über die Entsatzarmeen, Verhandlungen beginnen, machen die Herzen hoffnungsvoll schlagen und werden wieder abgebrochen.

Das Weihnachtsfest naht, und rings um die gewaltige Stadt strahlt in vierzehn Meilen langer Linie der deutsche Tannenbaum.

Wochenlang heißt es: „Paris wird beschossen", und wochenlang heißt es: „Nein". Die ungelöste Frage hält alle Gemüther in Spannung, und am 30. December findet unser lieber Hauptmann v. G. eine Batterie Sectflaschen auf seinem Geburtstagstisch und dazu folgende Verse:

Wir kommen zum Geburtstagsfeste;
Wenn wir auch nicht geladen sind,
Sind wir doch gern gesehne Gäste.
„Batterie marsch!" wir reiten geschwind,
„Batterie richt Euch!" stellt uns rasch kalt,
„Batterie Halt!"
Nun wollen wir, ohne uns lang zu besinnen,

Schleunigst das Bombardement beginnen.
Der erste Schuß! Unser Hauptmann soll leben
Dem wir von ganzem Herzen ergeben.
Der zweite Schuß! Dem braven Soldaten,
Der gleich bewährt in Rathen und Thaten.
Der dritte! Dem Freund, der uns allen theuer!
„Batterie Feuer!“ —

Aber mit dem neuen Jahre heißt's auch bei uns im Ernste: „Batterie Feuer!“ Mit verdoppelter Gewalt dröhnt jetzt der Donner der Geschütze; mit der gewaltigen, der deutschen Heeresleitung eigenen Energie hat man das Werk begonnen. Bald schweigt das Fort d'Issy, nur noch ein Trümmerhaufen; auch Vanvres und Montrouge verstummen.

Eine fieberhafte Spannung geht durch die ganze Armee, durch Alldeutschland; ein Wort liegt auf allen Lippen; lange erhofft, heißt ersehnt, soll es endlich zur Wahrheit werden. Waffenstillstand! Um 12 Uhr in der Nacht vom 26. auf den 27. Januar schweigt plötzlich das Geschützfeuer; tiefe Stille liegt über der ganzen Linie.

XIII.

Waffenstillstandsfreuden.

„Sie waren in England, Herr Kamerad?“ klang die erstaunte Frage von meinen Lippen.

„Gewiß, vier Tage von Dieppe aus in einem Räubercivil, das ich mir von einem liebenswürdigen Franzosen geliehen,“ antwortete mir mein vis-à-vis, ein blondhaariger Kürassier-Lieutenant. „Hohe Stiefel, Reiterhosen, grüne Joppe und französisches casquet, wir wurden zwar als deutsche Soldaten erkannt, haben uns aber trotzdem himmlisch amüsirt.“

Ich stieß meinen Nachbar freundschaftlich in die Rippen. „Du, Sessa, hast Du gehört?“ — „Natürlich, Würmchen,“ antwortete dieser, ein krausköpfiger Westfale und Adjutant unseres Bataillons. „Na, dann laß Deinen langweiligen baierischen Bierbruder einmal mit andern reden,“ fuhr ich naseweis und ungeduldig fort, „und höre zu.“

Mein gutmüthiger Nachbar wandte sich lachend mir zu. Wir saßen in einem behaglichen Parterrezimmer, das man in einem Hause der Stadt Lagny, einige Meilen östlich von Paris, zum Restaurant eingerichtet hatte. Ein unternehmender Münchener hatte einen regelmäßigen Biertransport einzurichten gewußt und eine kurzärmlige, flinkmäulige „Biermarie“ credenzte in wirklichen „Maßkrügeln“ den braunen, lang entbehrten Trank. Dazu gab es Kraut und Leberknödel, durchs Fenster lachte die französische Frühlingssonne, und auf dem Platze draußen stampften und wieherten ein paar Dutzend Pferde, denen die Herren drinnen gar zu lange weilten. Welch schöne Waffenstillstandsfreuden.

„Wollen wir nicht auch mal ein Bischen rüber?“ fragte ich weiter, „denke mal, in England gewesen, riesig schneidig!“

Mein braver Freund lachte und sagte: „Na, Würmchen, ich will Dir etwas Besseres vorschlagen, was meinst Du denn zum Urlaub nach Deutschland? In sechs Tagen kannst Du nach Potsdam ganz gut hin- und zurückkommen und ich kann mindestens zwei Tage in Hersfeld bei meiner Braut bleiben.“

Ich war entzückt von der Idee. Wir stiegen zu Pferde und spannen auf dem mehrstündigen Ritt nach Esbly, unserm Cantonnementsdorf, unseren Plan aus. Der nächste Tag fand uns Vormittags in einem kleinen eleganten Korbwagen auf dem Wege nach dem $1^1/_2$ Meilen von Lagny gelegenen Schloß Ferrières, einem Rothschild'schen Besitz und jetzt Stabsquartier unseres Regiments-Commandeurs. Wie gern gedenke ich noch heute jener Fahrt. Droben ein klarer, blauer Himmel, rings um uns grüne Felder, durch die in vielen Windungen der Feldweg, auf dem wir fahren, sich schlängelt. Die Lerchen jubeln im Feld; drüben geht ein Bauer hinterm Pfluge her, welch Bild des Friedens nach langem Kriegslärm, gegenüber den Schießschartenmauern und den Barrikaden unserer Vorpostenstellung, den Trümmerhaufen der zerschossenen Villen von Sèvres, Meudon und St. Cloud. Unsere Ponies gehen Schritt, denn wir beide, sonst in allem zu schnell, sind ganz in unsere Hoffnungen vertieft. Und was für Hoffnungen hegte mein 19jähriges Herz; hinter mir fast ein Jahr voller Ereignisse, wie solche nicht in Decennien im Leben eines Menschen sich zusammenfinden, Ereignisse, die einen knabenhaften Jüngling in den vollen

Ernst des Lebens geführt hatten. Wie schlug nun mein Herz in dem Gedanken, den innig geliebten Eltern, die lange, bange Zeiten der Sorge um mich durchlebt, geschmückt mit dem Ehrenzeichen, das meine Brust seit Monaten schon deckte, entgegenzutreten.

„Würmchen!“ — Ich hörte absichtlich nicht; seit ich Lieutenant war, kränkte mich der Name, den im gutmüthigen Spott mir meine Kameraden als Fähnrich meiner kleinen Figur wegen gegeben. „Würmchen, zum Kukuk, wache auf, sieh, das muß Ferrières sein.“

Vor uns erschienen die vielen Thürme und das hochgegiebelte Schieferdach eines prächtigen und gewaltig großen Schlosses. Bald fuhren wir über knirschenden Kiesweg durch weit gedehnte Park-Anlagen, und nach weiteren zehn Minuten erhielten wir auf unsere Anmeldung den Bescheid: „Der Herr Oberst läßt die Herren bitten, einzutreten.“

Wie schlug uns jetzt das Herz in Erwartung. Ich weiß nicht mehr, wie ich zur Thür hineingekommen. Da stand mein alter Oberst mit seiner langen, mageren Figur, sehr breitbeinig wie immer in seinen hohen, bis an den Leib reichenden Stiefeln, den Waffenrock offen, die langen, grauen, buschigen Brauen hinaufgezogen nach dem ganz kurz geschorenen, weißen Haar, das Gesicht in hundert Falten. Der dicke, graue Schnurrbart ist in die Höhe gestrichen, die linke Hand ruht auf dem Rücken, während die rechte, stark behaart, der Zeigefinger mit einem großen Siegelring mit rothem Stein geziert, fortgesetzt an einem kurzen, schmalen Kinnbart zieht. Die grauen Augen sahen dabei überaus freundlich und wohlwollend auf uns nieder, die wir mit zitternder Erwartung zu ihm kamen.

„Nun, meine lieben Freunde, was führt Euch denn zu mir?“ begann mit breitem, behaglichen Baß das Gespräch.

„Wir wollten Herrn Oberst gehorsamst um einen kurzen Urlaub bitten,“ begann im dienstlichen Redefluß Sessa.

„Gewiß, Kinder, den sollt Ihr haben“ — ich schrie innerlich vor Vergnügen —, „es ist mir sehr angenehm, wenn meine Offiziere sich unterrichten, wohin wollt Ihr denn?“

„Wir wollten Herrn Oberst gehorsamst um sechs Tage Urlaub nach Deutschland bitten,“ begann ich nun etwas kleinlaut.

„Ach, davon ist ja gar keine Rede,“ antwortete noch behaglicher als sonst der Baß. „Wie kann ich Euch denn Urlaub nach Deutschland geben, dann liefe alle Welt dorthin. Nein, reist nur hier in Frankreich umher, Amiens und Rouen sollen eine lohnende Partie sein. Und sechs Tage! Drei Tage will ich Euch geben, drei Tage, das ist schon alles Mögliche in jetzigen Zeiten.“ „Drei Tage“, sagte er nochmals langgedehnt, als wollte er, unsere Bestürzung sehend, in seiner Herzensgüte uns die Zeit riesenlang erscheinen lassen, „und nun reist mit Gott, Kinder, und laßt es Euch gut gehen, adieu!“ und ehe wir uns besinnen konnten, hatte unser alter Frundsberg uns die Hand geschüttelt, und wir standen vor der Thür. Ja, da standen wir nun; erst himmelaufjauchzend und nun „zu Tode betrübt“.

Doch als wir gegenseitig unsere langen Gesichter sahen, brachen wir beide plötzlich in ein fröhliches Gelächter aus, und dann meinte Sessa: „Na, weißt Du, Würmchen, da es nun einmal mit Deutschland nichts ist, dann fahren wir wirklich nach dem alten Nest da, wo der Peter her ist, wir beide passen auch ganz gut dazu zusammen. Jetzt fahren wir nach Lagny zur Bier-Marie, da sitzt sicherlich Bärenthal, den nehmen wir mit, der kann ohne Urlaub vom Obersten mit.“

Gesagt, gethan. Bärenthal war auch da; Bärenthal saß hinter dem Biertisch, die krummen Beine unter die Bank gezogen, sprach wenig und lachte viel. Er war ein „guter Kerl", immer gefällig, immer bereit, sich ins Schlepptau nehmen zu lassen; übrigens brav vor dem Feind, wie einer. Er war, da sein ebenfalls anwesender Compagnie-Chef ihm Urlaub gab, sogleich bereit, mitzukommen. Er untersuchte sein Portemonnaie und erklärte dann, es könne losgehen. Wir sagten ihm, so eilig wäre es nicht, er könne sich erst noch eine Zahnbürste kaufen; das that er denn auch, und nachdem das Reisegepäck auf diese Weise beschafft war, fuhren wir Abends nach Pantin, dem Grenzort der deutschen Demarcationslinie, marschirten dann zu Fuß den nordöstlichen Quadraten der Paris einschließenden Kreislinie entlang nach St. Denis und fuhren noch in derselben Nacht nach Amiens, wo wir Morgens 2 Uhr ankamen und in einem der mit preußischen Offizieren überfüllten Hotels nothdürftig Unterkommen fanden.

Der frühe Vormittag wurde der Besichtigung der alten Stadt, des herrlichen Doms und des Standbildes des Peter von Amiens gewidmet. Dann brachte uns eine zweistündige Eisenbahnfahrt nach dem so schön an der Seine gelegenen Rouen. Mit Platanen bepflanzte Promenaden und Reitwege begleiten das Ufer der Seine, die hier bereits eine beträchtliche Breite und Tiefe erreicht hat und daher schon ziemlich großen Seeschiffen die Stromfahrt gestattet. Jenseits des breiten Fahrdammes zieht sich dann eine Reihe stattlicher Hotels hin, in welchen die lärmende Fröhlichkeit deutscher Krieger sich jetzt behaglich breit machte.

Während der Fiacre, welcher uns vom Bahnhof ins Hotel brachte und im letzteren der geregelte Betrieb, die Table d'hôte mit vornehmlich einheimischen Theilhabern,

Abends das Theater mit seinen „Postillon von Lonjumeau“ und vor allem Nachts die mit sauberem Linnen überzogenen, friedlich schönen Himmelbetten in uns die Illusion und sorglose Behaglichkeit sommerlicher Vergnügungsreisender erweckten, erinnerte beim Erwachen ein Blick durch die grünen Jalousieen daran, daß wir in „Feindes Land“ waren. Denn auf dem Place de l'Hôtel de Ville, dessen Mitte ein mächtiges bronzenes Reiterstandbild des ersten Napoleon zierte, übten jetzt preußische Musketiere und Füsiliere aus Holstein und Hannover unter übereifrigen Unteroffizieren „Einzeln Marsch“ und „Langsamen Schritt“.

Aber dies Bewußtsein vermochte nicht unsere glückliche Stimmung zu verscheuchen. Jung und sorglos, wie wir waren, versetzte gerade die Wanderung durch die schöne Stadt, deren Anblick die werthvollen Errungenschaften unserer Siege uns praktisch vor Augen führte, uns in gehobene Gemüthsverfassung. Die zahlreichen herrlichen Kirchen Rouens wurden besichtigt, das Hôtel de Ville, in dem schon Franz I., der Gefangene Karls V., zu Gericht gesessen, der Platz, auf dem die heldenhafte Jeanne d'Arc den Feuertod erdulden mußte. Ein schlechtes, verwittertes Sandsteinbild inmitten des engen, finsteren und abgelegenen Platzes erinnert an die Thaten und den tragischen Ausgang der Pucelle und erweckt inmitten der düsteren Umgebung traurige Gedanken über den Undank der Welt; aber aus dem Postament des Standbildes plätschern ununterbrochen und emsig zahlreiche klare Wasserstrahlen in das kreisrunde Bassin, aus dessen Mitte die Statue sich erhebt, und künden mit ihrem traulichen Gemurmel auch hier Versöhnung und Frieden.

Nach kurzem Aufenthalt sagten wir dem schönen Rouen Lebewohl, denn uns drängte vor allem die See zu erreichen, die wir alle noch nie gesehen.

Nachdem wir die Dunkelheit der zahlreichen Tunnels, durch welche der Eisenbahnzug nach Dieppe uns führte, benutzt hatten, um jedesmal bei der Durchfahrt durch einen solchen in freundschaftlicher Weise auf Bärenthal loszuprügeln, während ich dessen Angriffe durch Seitwärtshalten der brennenden Cigarre in eine falsche Richtung lenkte, kamen wir Abends gegen 7 Uhr in Dieppe an.

Ueber holperiges Pflaster ging es durch enge Straßen schnell dem Strande zu, und bald standen wir stumm und überwältigt von dem herrlichen Anblick, der sich unserem Auge bot. Soweit unsere Blicke rechts und links der Küste zu folgen vermochten, erhob sich diese in senkrechten Sandsteinwänden über hundert Fuß hoch, und gegen diese Felsenwand brauste und schäumte und lärmte, von einem kräftigen Nordwest getrieben, die unendliche See. Südlich der Stadt, die in einer halbkreisförmigen Einbuchtung der Felsenküste liegt, erhob sich, erstere beherrschend, auf dem Felsenrand ein mit starken Mauern umgebenes, hochgebautes vielthürmiges Schloß und schaute trotzig hinaus ins Meer, während unmittelbar vor uns am Strande ein prächtiges Hotel mit seinen langen Balconlinien und freundlich grünen Fensterläden bis ins oberste Stockwerk hinauf zu Rast und Aufenthalt uns einlud.

Als Bad war Dieppe naturgemäß in diesem Jahre schlecht besucht und so erhielten wir in dem fast gänzlich leeren Hotel eine Flucht schöner Zimmer mit Balconen zur See hinaus.

Den Abend verbrachten wir am Strand bei dem weit ins Meer hinausgebauten Leuchtthurm, und am Morgen trieb die Freude an dem Geräusch der gewaltig tobenden Brandung uns früh aus den guten Betten.

„Jetzt wird gefrühstückt und dann nehmen wir ein Boot

und fahren hinaus in die See," stellte Sessa als Aeltester das Programm des Morgens fest.

„Beides selbstverständlich, also überflüssig zu bemerken," erwiderte ich.

„Gar nicht selbstverständlich," erklärte Bärenthal, „ich will nicht, nachdem ich den ganzen Krieg glücklich überstanden, zum Schluß hier elend ersaufen und mache Euren Unsinn nicht mit!"

„Na, alte Theerjacke, dann bleib' zu Hause!" Seinen Spitznamen hatte der gute Bärenthal damit weg und wurde ihn während unserer Excursion nicht wieder los.

Die Wasserfahrt war leichter geplant wie ausgeführt. Die Schiffer am Hafen erklärten sämmtlich, bei solchem Wetter sei nicht hinaus zu kommen, und ärgerlich gaben wir nach langem, vergeblichem Parlamentiren vorläufig unser Unternehmen auf und ertränkten unser Mißvergnügen in reichlichen Massen englischen Porters in einem Restaurant am Hafen, nachdem wir vorher dort unsere ersten Versuche im Austernessen erfolgreich angestellt.

Mit jeder neuen Flasche Porter wuchs aber unsere Unternehmungslust, zwei eben angekommene Vergnügungsreisende vom Regiment Alexander gesellten sich zu uns und von neuem liefen wir auf die Schiffer Sturm. Endlich fanden zwei Italiener, die Südfrüchte nach Dieppe gebracht, sich bereit, den Versuch zu wagen. Fünfundzwanzig Thaler bis zum Leuchtthurm; kommen wir hinaus, fünfzig Thaler. Was scheert uns die Beutelschneiderei, wir haben Geld im Ueberfluß. Theerjacke Bärenthal bleibt standhaft auf Land, ebenso der eine Alexandriner, der als Bräutigam Pflichten hat. Sessa, der andere Alexandriner — ich habe seinen Namen vergessen — und ich ziehen die Paletots an, setzen die Mützen fest und klettern ins Boot hinab. Als ich die steinerne Hafentreppe zum Boot hinuntersteige, faßt mich ein alter verwitterter Schiffer mit durchfurchtem Gesicht, aber sehr gutmüthig blickenden Augen an der Schulter. Ich schaue mich erstaunt um. Weiße Haare hängen ihm bis auf den Rücken und gucken rechts und links aus der tief in den Nacken reichenden Wachstuchkappe hinten am Hut heraus.

„Qu'est — ce que vous voulez?“

„O, monsieur, vous ne sortirez pas, pas moyen!“ — „Bei dem Wetter kommen Sie nicht hinaus, das ist nur Geldschneiderei, Sie kommen nicht zum Leuchthurm ohne zu zerschellen.“

Einen Moment werde ich stutzig, da sagt er: „Was wir Franzosen nicht können, das kann der Italiener auch nicht!“ — „Aha, denke ich, verletzte französische Eitelkeit,“ mache mich los und springe ins Boot.

Wir drei sitzen auf den beiden Mittelbänken, die Schleppsäbel zwischen den Beinen; der eine Schiffer sitzt am Steuer, der andere steht vorn im Boot und macht sich mit Segel und Tauwerk zu schaffen. Ein langes Tau geht vom Bug zur Hafenmauer hinauf, 10—15 Mann haben's oben über die Schulter genommen und ziehen uns, die Leiber vorn übergeneigt, im Tactschritt langsam vorwärts. So nähern wir uns dem Leuchthurm, mit dem der in die See hinausführende schmale Hafenkanal endigt. Gewaltig brechen sich am Fuße des Leuchtthurms die Wogen, spritzen ihren Gischt bis zu der in gleicher Höhe mit dem Hafendamm befindlichen Plattform hinauf und scheuchen die immer zahlreicher sich ansammelnden Einwohner, Männer, Weiber, Kinder, vom Rand zurück. Durch den schmalen Hafenkanal eingeengt, stürzen die gegen den Leuchthurm geprellten Wogen mit wüthender Gewalt in fast senkrechten

Wänden auf uns zu. Aber im nächsten Moment tanzt unsere Nußschale auf der Spitze der Welle, weißer, kochender Gischt rings um uns, eimerweise geht's Wasser über Gesicht, Arme, Schultern und Beine ins Boot und dann schießen wir mit weit zurückgelegten Oberkörpern in schiefer Ebene ins nächste Wellenthal hinab. Das wiederholt sich ein Dutzendmal, das furchtbare Tosen und Rollen der See, der heulende Wind würden uns kein Wort verstehen lassen, auch wenn wir nicht im stummen Kampfe mit dem wüthenden Elemente schweigend bald rechts, bald links die Bank, den Bootsrand erfaßten, um nicht hinausgeschleudert zu werden. Einen Augenblick hebe ich die Augen hoch oben zum Hafendamm, wo eine schweigende Volksmenge unbeweglich auf uns niederschaut. Der brave Bärenthal vorn an, ich sehe die lebhafte Sorge um uns auf seinem Gesicht und komme in dem Augenblick zur Ueberzeugung, daß er der bei weitem Vernünftigste von uns ist. Als wir auf dem Kamm der nächsten Welle tanzen, hebt sich vorn die schön gewachsene Gestalt des Bootsmanns scharf am Horizonte ab. Mit der dem Südländer eigenen Anmuth steht er am Mast, den der linke Arm umklammert. Den rechten Fuß hat er auf die vorderste Bank gestützt; in der Rechten hält er wie zum Hieb bereit ein nicht erkennbares Instrument.

Wieder haben wir eine wüthende Welle hinter uns, da blitzt ein heller Gegenstand durch die Luft, mit scharfem Beilhieb hat der Bootsmann das Tau durchschlagen, die nächste Welle trägt uns leichter; Hurrah! Hurrah! tönt's vom Hafen herüber, mit tiefem Athemholen wendet sich der Schiffer zu uns: „Il n'y a plus de danger!“ Wir haben die Ausfahrt erzwungen und sind wirklich auf der See. Schnell wird ein kleines Sturmsegel gesetzt, und fröhlich über das gelungene Abenteuer lassen wir uns von den Wellen umherwerfen und freuen uns über jede Spritzwelle, die uns von neuem durchnäßt.

Der Alexandriner wird freilich immer stiller und bleicher und opfert schließlich Poseidon seinen Tribut. Und als unser Italiener, glücklich über seinen Erfolg, mit der seiner Nation eigenen Lebendigkeit lachend, schwatzend, gesticulirend plötzlich unter eine Bank greift, einige Austern hervorholt und uns anbietet, sie wären tout frais, da fühle auch ich, daß ich nicht mehr lange seefest bleiben kann.

Wir wenden also und fahren zurück, die Einfahrt geht ziemlich gefahrlos von Statten, aber uns wird ein glänzender Empfang. Im Städtchen hat sich's inzwischen herumgesprochen, daß die „prussiens“ hinausgefahren seien, und Hunderte erwarten unsere Rückkehr. Man bringt uns zwar keine lauten Ovationen wie vorher, denn dazu ist der Feind zu sehr gehaßt, aber als wir ans Land steigen, bilden die Fischer rechts und links eine Gasse, durch die wir stolz hindurchschreiten. Noch ehe wir aber die Hafentreppe erreichten, hat unser Italiener seinem Herzen Luft gemacht: „Ah, vous avez dit, vous ne sortirez pas! Nous sommes sortis. Il n'y a pas comme nous!“

Der gute Bärenthal drückt uns erfreut die Hand und fröhlich sitzen wir Abends im großen Speisesaal des Hotels an einem Ende der Table d'hôte und lassen uns den Sect trefflich munden. Ein alter würdiger Herr mit schwarzem Gehrock, dem rothen Bändchen der légion d'honneur im Knopfloch, geröthetem Gesicht, kurzem weißen Haar und Knebelbart, flüstert am anderen Ende des Tisches mit dem Wirth und aus ihren Blicken sehen wir, daß die Herren von unserm heutigen Abenteuer sprechen. Plötzlich erhebt sich der alte Herr, kommt mit schlürfenden Schritten und einem vollen Sectglase durch den Saal auf uns zu, die wir uns sofort höflich erheben und ihm einige Schritte entgegengehen.

„Messieurs,“ redet er uns an. „Sie stehen zwar als Feinde in meinem Vaterlande, und mein Herz blutet, wenn ich bei Ihrem Anblick an ma pauvre France gedenke; der Tapferkeit aber gebührt überall Ehre: A votre santé!“

XIV.

Die Heimkehr.

Es war um die Mitte des Februars des Jahres 1871. Die anfänglich abgeschlossene dreiwöchentliche Waffenruhe war verlängert worden, der Eintritt in die Stadt Paris den Franzosen freigegeben, während das Verlassen derselben nur den mit Karten vom Gouverneur von Paris versehenen Personen an zwei bestimmten Ausgängen der Sèvres-Brücke und bei Neuilly erlaubt war. Zu Fuß und zu Pferd streiften wir seit 14 Tagen die Stätten ab, nach denen fast vier Monate lang wir nur verstohlen vorsichtige Blicke durch Schießscharten und über Erdwälle und Barrikaden weg geworfen, von denen Tag und Nacht die todtbringenden Granaten zu uns herübergeflogen waren. Mit behaglicher Genugthuung durchschreiten wir bei hellem Tage hallenden Schritts die noch immer todten Straßen von Bas-Meudon und Clamart, die wir bisher nur im nächtlichen Dunkel gesehen, wenn wir in der Erwartung eines Ausfalls mit wenigen auserlesenen Mannschaften, das schußbereite Gewehr in Händen, vorsichtigen Tritts die feindlichen Patrouillen beschlichen.

Auf den Forts von Paris weht die schwarz-weiß-rothe, die deutsche Flagge; Issy, unser specieller böſester Feind, ist ein Trümmerhaufen. Die stehengebliebenen Schlote der Kasernen starren in die Luft, die Brandmauern zeichnen sich ruinenhaft in bizarren Linien am Horizonte ab und sind weithin sichtbare Verkündiger des Ruhmes der deutschen Waffen.

Ganz St. Cloud ist ein Trümmerhaufen. Die gewaltigen Granaten vom Mont Valerien haben Monate lang der Verwüstung Spiel getrieben, wochenlang hat der Brand gewüthet. Eiserne Balcone hängen halb zur Straße hinunter; halbe Zimmer der Bel-Etage liegen dem Auge offen; an der blauen Tapete hängen im goldenen Rahmen Familienbilder, vor dem Sopha steht der Tisch und auf der Commode prangen zwei Armleuchter.

An der Seinebrücke bei Sèvres, wo wir vor wenigen Wochen der Capitulation Vorspiel gesehen, als Graf d'Herisson, der Abgesandte Jules Favre's, mit weißer Parlamentärflagge erschien und sich von französischen Marinesoldaten zu uns herüberrudern ließ, entfaltet sich jetzt ein lebendiges Treiben. Der gesprengte steinerne Bogen ist durch eine Holzconstruction überbrückt, zwei theilweise übereinandergreifende spanische Reiter sperren die Brücke bis auf einen schmalen Gang, nach dem hin von drüben her eine dichte Schaar von Franzosen drängt. Nicht jeder ist im Besitz des Passes, der allein zum Durchlaß berechtigt, manch einer hat wohl der Gutmüthigkeit der deutschen Krieger vertraut und vergeblich den weiten Weg von Paris hierher zurückgelegt, denn strenge Befehle zwingen uns, dem Drange des Herzens zu widerstehen. Ein ganzes Heer von Elend verräth ein Blick auf die bleichen, verhärmten Gestalten da drüben. Seelenschmerz und körperliche Leiden haben fast 5 Monate lang gleich schwer auf den meisten gelegen. Dort steht eine verhungert aussehende Mutter mit einem rothwangigen Kind auf dem Arm. Welch hingebende, entsagungsreiche Liebe, welche Selbstverleugnung und Charakterstärke predigt dieses eine Bild!

Flehend strecken die Hülflosen, denen das Verlassen der schrecklichen Stadt, die ihnen so entsetzliches Elend gebracht, der letzte Hoffnungsanker ist, nach mir die Arme aus; die abgezehrten Hände sollen den Paß ersetzen; und doch muß ich sie zurückweisen, denn der Befehl ist gemessen. Aber eine geringfügige Hülfe ist wenigstens möglich. Unsere müßig umherstehenden Mannschaften sind gern bereit, immer von neuem Brotspenden hinüberzureichen; die nahen Bäckerläden in Sèvres haben reichlichen Vorrath, und großherzig weist der selbst nicht bemittelte Füsilier den Franc der armen Französin zurück.

Von Versailles her naht ein zweispänniger Wagen und hält in der Nähe der Brücke; es ist der gewaltige Kanzler des neuen deutschen Reiches, Graf Bismarck ist es, der die Scene betrachtet. Ich trete an den Schlag und mache meine Meldung. „Kommen viele hier heraus?" — „Wohl einige Tausend täglich, Excellenz!" — „Und hinein?" — „Die zählen nur nach Hunderten, Excellenz!" — Indem naht mein Bataillonscommandeur Major v. H. und tritt, sich meldend, an den Wagenschlag. Ich trete nun zurück und höre nur noch im Fortgehen etwas von „nur nicht zu viel heraus, hinein so viele wollen", und etwas wie „unnütze Fresser!" — Bald rollt der Wagen weiter an der Seine entlang dem Fort d'Issy zu. Premierlieutenant B. unseres Regiments ist ihm zu Pferde begegnet und erzählte mir am nächsten Tage, Graf Bismarck habe halten lassen und lächelnd eine Gartenmauer betrachtet, auf der mit grüner Oelfarbe eine große Granate gemalt ist mit den Worten: „Halte Bismarck! Voilà pour toi!"

Wieder sind 14 Tage vergangen. Unten an der Seine bei Bellevue liegt unsere Compagnie und hat mit einem Zuge eine Feldwache besetzt. Es ist der 1. März, heller

Sonnenschein und Frühlingsluft liegt über der Seine und das 1. Bataillon unseres Regiments zieht heute als erstes preußisches Bataillon in Paris ein. Mit einem leisen Gefühle der Wehmuth, nicht dabei sein zu dürfen, fahre ich im leichten Kahn auf dem Fluß spazieren; es ist doch hart, ein 4 Monate lang in Regen, Schnee, Kälte und Granatfeuer erhofftes Ziel nicht zu erreichen.

Aber auch die Tage unseres Bleibens in Chaville sind nun gezählt. Die Südforts sind schon desarmirt; am 10. März tritt die Division auf der Straße nach St. Cloud den Abmarsch an. Ueber St. Denis erreichen wir nach wenigen Tagen dieselbe Gegend, die wir am 22. September 1870 im Vormarsch auf Sucy durchzogen hatten, und haben so den Kreis unserer Märsche um Paris geschlossen.

Wider Erwarten lange hält uns der Gang der Ereignisse in den neuen Quartieren fest. Der Commune-Aufstand ist in Paris ausgebrochen; angesichts des siegreichen Feindes, dessen Flagge noch stolz auf allen Ostforts weht, zerfleischt ein Bruderkampf das von wilden Leidenschaften verblendete Frankreich. Die Möglichkeit einer neuen Action tritt an uns heran; mit Gewehr bei Fuß beobachten unsere Vortruppen die Entwickelung des Kampfes, stets bereit, einen gegen sie gerichteten Angriff abzuweisen.

Woche auf Woche verrinnt, von jedem neuen Tage wird vergeblich erhofft, daß er den Befehl zur lang ersehnten Heimkehr bringe. Die Quartiere sind gut, die Verpflegung ist reichlich, der Dienst leicht, die meisten unserer Mannschaften erwartet in der Heimath ein weniger leichtes Dasein, harte Arbeit, geringer Lohn und manche Sorge. Aber das tief im deutschen Volke wurzelnde Heimathsgefühl erfüllt mit Sehnsucht alle Herzen; der Kern unserer Nation ist gesunde Sittlichkeit.

Fast drei Monate lang lagen wir in Esbly, einem Dorfe an der Eisenbahn zwischen Lagny und Meaux. Tag für Tag eilen lange Eisenbahnzüge an uns vorüber, mit Laub und Tannengrün bekränzt, der Heimath zu. Hurrahgeschrei, froh geschwenkte Mützen und Tücher; es sind unsere glücklicheren Kameraden, die bald auf deutschem Boden stehen werden. Sehnsuchtsvoller noch wie bisher hoffen wir nun auf Heimkehr.

Zwischen den Bewohnern des Dorfes und unseren Füsilieren hat sich der Verkehr täglich freundlicher gestaltet. Selbst die aufgebrachtesten Schreier bewundern die minutiöse Disciplin der Preußen; die Gutmüthigkeit der Deutschen erobert die Herzen. Und mit Verwunderung beobachten wir, wie der französische Landmann so ganz anders wie der chauvinistische Pariser; welch Arbeitsgeist, welch Familiensinn, welche Ehrlichkeit, welche gutmüthige Gelassenheit. Im munteren Trabe, im hellen Drillichanzug, die Feldmütze auf einem Ohr, fährt auf rasselndem Karren der Füsilier mit dem Bauer ins Heu; der fleißige deutsche Landmann läßt ungern die Hände ruhen. Und wenn es Abends still im Dorfe geworden, und wir Offiziere plaudernd umherspazieren, dann sitzen auf der Bank vor der Hausthür Feind und Freund friedlich bei einander. Der Bauer schmaucht in blauer Blouse und Zipfelmütze aus kurzem Pfeifchen seinen „Corporal“, den allgemein beliebten heimischen Tabak. Die fleißigen Hände der Bäuerin handhaben den Strickstrumpf, und auf den Knieen des lachenden Füsiliers reitet jauchzend das blonde Franzosenkind. Ueberall munter plaudernde Gruppen, der Verständigung scheinen nirgends mehr Schwierigkeiten entgegenzustehen.

Endlich aber schlägt auch uns die Stunde der Heimkehr. Der Abschied, so lange herbeigesehnt, ist nicht ohne Wehmuth und Trauer, denn es ist ein Abschied auf Nimmerwiedersehen. Viele Vorurtheile sind verschwunden; an die Stelle der Geringschätzung ist vielfach aufrichtige Achtung, an Stelle des blinden Hasses versöhnliche Gesinnung getreten. Wo der gegenseitige Verkehr auf dem beiderseitigen Bestreben beruht, an die guten und edlen Eigenschaften des andern sich zu halten, muß liebevolle Nachsicht gegen die Schwächen von selbst gedeihen.

Ein langer Weg bis zur Heimath liegt vor uns. Kein Schritt wird uns geschenkt, wir müssen bis Mainz marschiren. Am 8. Juni brechen wir auf, das Marnethal aufwärts geht's bis Châlons, dann über Verdun nach Metz. Dicht vor der Grenze der alten deutschen Heimath ruft der Anblick des blutgetränkten Bodens rings um die weite Festung uns die gewaltigen Ereignisse des großen Jahres in ihrer Gesammtheit noch einmal lebhaft vor die Seele. Dankerfüllten Herzens gedenken wir des Segens, der auf den deutschen Waffen geruht, der lieben Todten, der eigenen gnädigen Bewahrung.

Von Metz aus führt der Marsch auf Saarbrücken und dann das Nahethal abwärts. Vom Ausrücken bis zum Einmarsch ins Quartier ertönt der Gesang der Mannschaften, seit wir von Paris abmarschirt sind. Ueberall sieht man nur fröhliche Gesichter. Welche Freude aber als es hieß, morgen passiren wir die Grenze. Mit dreifachem „Hurrah" geht's hinüber, wie vor 11 Monaten, aber mit welch anderen Empfindungen jetzt. Kräftig trappsen wir auf, wir wollen es auch körperlich empfinden, daß wir auf deutschem Boden sind. Kinder aus den nächsten Dörfern kommen mit Blümchen uns entgegen. Wir fragen sie möglichst Vieles, denn wie süß klingt aus Kindermund das deutsche Wort. Es sind nun nicht mehr nur Soldaten, von denen wir die liebe Heimathsprache hören.

Noch einige Tage Marsch, da hat — es ist der 8. Juli — das 88. Regiment sein Ziel erreicht. Ueberraschend schnell sind die Marschtage entschwunden, sie haben ihren alten Zauber bewährt, und fast ungern sehen wir das Ende einer wildbewegten Zeit, die nun den beengenden Verhältnissen des Friedenslebens Platz macht. Von der Olmer Höhe sehen wir durch den Wald hindurch das Silberband des seit einem Jahr von Hunderttausenden deutscher Lippen täglich besungenen Stromes. Die Rebenhügel der heimathlichen Berge schimmern im Sonnenlichte herüber und vor uns liegen die funkelnden Zinnen des goldenen Mainz. „Halt! Gewehr ab! Rührt Euch!“ Die Kleiderbürste tritt auf freier Chaussee in Thätigkeit. Ein verstohlener Griff nach dem eisernen Kreuz, ein anderer nach dem keimenden Schnurrbärtchen, das junge, noch ungeschulte Herz pocht heiß in froher Erwartung. „Stille gestanden! Das Gewehr über! Bataillon Marsch!“

Die Musik schlägt an, im tadellosen Tritt geht's zur Stadt hinein.

Das enge, düstre, langgewundene Gauthor wird passirt und dann geht's die Gaugasse steil hinunter über Ludwigs- und Rheinstraße zum Schloßplatz. Bunte Fahnen, in breiter Schleppe fast bis zur Erde wallend, an jedem Haus, wohin das Auge sieht Guirlanden, Ehrenpforten, Kränze; Sonnenschein vom blauen Himmel herunter, Sonnenschein auf jedem Gesicht, Sonnenschein im Herzen, voll tönende Glocken, Geschrei und Jubel überall. Und nun erst der Schloßplatz; dort stehen die Ehrenjungfrauen, die schönen Mädchen von Mainz, strahlend in weißen Gewändern, das Haupt bekränzt auf dem weiten Platz und kommen uns mit lieblich verschämten Mienen entgegen; anmuthig credenzen sie schäumenden Sect. Freundliches Lächeln, holde Gesichter, glühende Wangen, strahlende Augen, wie froh und keck schauen wir tief hinein. O Jugendlust, o Jugendfreude, o Jugendglück!

Und wieder sind zwei Monate vergangen; rappelnd und rasselnd saust der Berliner Courirzug durch die finstre Nacht, donnert über Brücken, knarrt mit seinen Bremsen, hält nur kurze Augenblicke den Athem an und stöhnt und poltert dann heftig wieder vorwärts. Und doch noch zu langsam für mein pochendes Herz. Denn heut geht's ins liebe Elternhaus, wo mich Niemand erwartet; sie sorgen sich sonst um ein Eisenbahnunglück bei meiner nächtlichen Fahrt.

Schon dämmert der Morgen, schilfbewachsene spiegelglatte Havelseen, sandige Kiefernwälder, o Heimathluft, o armselige und doch so heißgeliebte Mark Brandenburg.

„Potsdam!“ Welch ein Klang!

Noch eine halbe Stunde Geduld mit den Droschkenpferden — sie sind nicht anders geworden inzwischen —, schon ist das Brandenburger Thor passirt, dort winkt das liebe Elternhaus. Unter dem steinernen Säulengang die breite Freitreppe hinaufgestürmt, am Klingelzug gezerrt, ein paar Thüren aufgerissen, vorwärts, vorwärts, — ein Jubelschrei — ich sehe des Vaters mildes Auge und liege am Herzen der treusten aller Mütter.

Druck von Theodor Hofmann in Gera.

Zeitfracht Medien GmbH
Ferdinand-Jühlke-Straße 7
99095 Erfurt, Deutschland
produktsicherheit@kolibri360.de